Inselbahnen der Nordsee

Malte Werning

Inselbahnen der Nordsee

Borkum, Juist, Baltrum, Langeoog, Spiekeroog, Wangerooge, Halligen, Amrum, Sylt

IMPRESSUM | BILDNACHWEIS

Impressum

Verantwortlich: Michael Dörflinger
Satz: Silke Schüler
Kartographie: Anneli Nau
Lektorat: Thilo Kreier, Martin Weltner
Redaktion: Pia Hildesheim
Schlusskorrektur: Linde Wiesner
Umschlaggestaltung: Jarzina Kommunikationsdesign
unter Verwendung einer Abbildung von Jens Grünebaum
Herstellung: Anna Katavic
Printed in Italy by Printer Trento

Sind Sie mit diesem Titel zufrieden? Dann würden wir uns über Ihre Weiterempfehlung freuen.
Erzählen Sie es im Freundeskreis, berichten Sie Ihrem Buchhändler, oder bewerten Sie bei Onlinekauf. Und wenn Sie Kritik, Korrekturen, Aktualisierungen haben, freuen wir uns über Ihre Nachricht an GeraMond Verlag, Postfach 40 02 09, D-80702 München oder per E-Mail an lektorat@verlagshaus.de

Unser komplettes Programm finden Sie unter

Alle Angaben dieses Werkes wurden sorgfältig recherchiert und auf den neuesten Stand gebracht sowie vom Verlag geprüft. Für die Richtigkeit der Angaben kann jedoch keine Haftung übernommen werden. Die Deutsche Nationalbibliothek verzeichnet diese Publikation in der Deutschen Nationalbibliografie; detaillierte bibliografische Daten sind im Internet über http://dnb.d-nb.de abrufbar.

Danksagung

Ich möchte mich herzlich bei Jens Grünebaum und Christoph Beyer bedanken, die maßgeblich an diesem Buch beteiligt waren, sowie allen anderen Fotografen und Mitarbeitern. Ein ganz besonderer Dank geht aber natürlich an Maike Werning, die sich über zwei Monate lang „Aber, Schatz, ich arbeite noch am Buch …" anhören musste statt des üblichen „Ich schaue nur noch kurz in die Mails!". Und natürlich an meinen Sohn Mitja, auf dass er die Begeisterung für Eisenbahnen und die vielen Wunder dieser Welt niemals verlieren werde.

Die Deutsche Nationalbibliothek verzeichnet diese Publikation in der Deutschen Nationalbibliografie; detaillierte bibliografische Daten sind im Internet über http://dnb.d-nb.de abrufbar.

© 2014 GeraMond Verlag GmbH, München
ISBN 978-3-95613-011-3

Bildnachweis

Beyer, Burkhard	70 rechts, 71
Beyer, Christoph	25, 26/27, 65, 68
Beyer, Helmut	49 unten, 53 oben, 53 unten, 56, 63 oben, 63 unten, 70 links, 74, 90 unten links, 90/91, 107 oben, 150, 158/159
Brandt, Hartmut	44 oben, 90 oben, 151, 154, 155
Gerber, Peter	29
Grünebaum, Jens	Titelbild, 16 oben rechts, 17 unten, 24, 30/31, 33, 38, 39, 40/41, 42 unten, 45 oben, 126, 130/131, 133 unten
Luckmann, Detlev	10/11, 20 oben links, 20/21, 47, 84 oben, 84 unten, 157 unten
Mölder, Andreas	62 unten
Nolte, Martina	117
Pekny, Peter (VKFS)	142 oben
Riehemann, Dieter	52, 54, 55 oben, 55 unten, 57 links, 57 unten rechts, 88 oben, 88 unten links, 88 unten rechts
Völz, Ulrich	122, 124 oben, 124 unten
Werning, Malte	5, 6, 20 unten links, 22/23, 26 oben links, 26 unten links, 42 oben, 43, 44 unten, 57 oben rechts, 64, 69, 72/73, 75 oben, 75 unten, 77, 83, 85, 86/87, 89 oben, 89 unten, 93, 100/101, 102, 103, 104/105, 106 oben, 106 unten, 107 unten, 108 oben, 108 unten, 109 oben, 109 unten, 110, 111 oben, 111 unten, 112 oben, 112 unten, 113 oben, 113 unten links, 113 unten rechts, 114/115, 118, 119, 120 oben, 121 oben, 121 unten, 123, 125 oben, 128, 129, 132, 133 oben, Vorsatz, Nachsatz, Buchrückseite
Wolff, Gerd	58, 59, 60, 61, 62 oben
Archiv Christoph Beyer	41, 86 (Fahrkarten)
Archiv Erik Kohl	9, 16 unten rechts, 95 oben, 98 oben, 98 unten
Archiv Ulrich Völz	120 unten
Archiv Malte Werning	8, 12 oben, 12 unten, 13 oben, 13 unten, 14, 15 oben, 15 unten, 16 links, 17 oben, 18/19, 23 rechts, 28, 32, 34 oben, 34 unten, 36/37, 45 unten, 46 unten, 48 oben links, 48 oben rechts, 48 unten, 49 oben, 50/51, 66 oben, 66 unten, 67 oben, 67 unten, 78 oben, 78 unten, 80/81, 82 oben, 82 unten, 92, 94, 96, 97 oben, 97 unten, 99, 127, 134, 135, 136, 138 oben, 138 unten, 139 oben, 139 unten, 140, 141, 142 unten, 143, 144 oben, 144 unten, 146 oben, 146 unten, 147 oben, 147 unten, 148/149, 152/153, 156, 157 oben

inselbahn.de

INHALT

Vorwort	6
Die Inselbahnen der Nordsee	8
Der lange Weg zum Seebad	8
„Schienenbahnen" für die Inseln	9
Pferdebahn auf Juist, Langeoog und Spiekeroog	22
Dampf und Diesel	23
Zwischenhalte und Schiffsverbindungen	24
Küstenschutz	25
Militärbahnen	28
Borkum	32
Juist	46
Baltrum	58
Langeoog	64
Spiekeroog	76
Wangerooge	92
Minsener Oog	116
Neuwerk	122
Halligbahnen	126
Amrum	134
Sylt	140
Nach Sylt über den Hindenburgdamm	140
Die Sylter Inselbahn	143

Lok „Berlin" der Borkumer Kleinbahn erreicht mit einem Zug die Reede, wo die Fähre auf die Fahrgäste ans Festland wartet (Mai 2001).

VORWORT

Die Blütezeit der deutschen Kleinbahnen – und mit ihnen auch der Schmalspurbahnen – ist seit vielen Jahrzehnten vorbei. Längst sind die meisten Bahnen abseits der großen Eisenbahnmagistralen als Folge der massiven Verkehrsverlagerung auf die Straße und des damit verbundenen Rückgangs eigener Transportaufgaben nach dem Zweiten Weltkrieg stillgelegt, abgebaut und ihre Fahrzeuge verschrottet worden.

Die deutschen Nordsee-Inselbahnen hingegen kannten dieses Problem nicht. Zu abgelegen waren und sind die meisten Inseln, als dass der Individualverkehr den Bahnen ihre Aufgaben hätte abnehmen können. Nur auf Borkum und Sylt musste die Eisenbahn gegen den zunehmenden Autoverkehr antreten. Und nur auf Sylt verlor die Inselbahn den Kampf gegen die immer weiter steigenden Unterhaltungskosten ihrer Strecken und Fahrzeuge, während gleichzeitig über den Hindenburgdamm immer mehr Autos den Weg auf das Eiland fanden. Zumindest erlebt Sylt nach wie vor (normalspurigen) Schienenverkehr über den Hindenburgdamm, der seit 1927 die Insel mit dem Festland verbindet.

Auch Borkum wurde vom Auto erobert, und auch hier gab es für die Inselbahn viele Jahre der Unsicherheit. 1968 wurde der Güterverkehr eingestellt. Doch heute fährt die Bahn hier wieder in eine gesicherte Zukunft.

Auf den ostfriesischen Inseln Juist, Langeoog, Spiekeroog und Wangerooge hatte die Bahn nie Konkurrenz durch das Auto zu befürchten. Jede Fracht und jeder Fahrgast, sofern nicht per Flugzeug gelandet, musste per Fähre und Bahn in den Inselort transportiert werden. Die abgeschiedene und isolierte Lage der Bahnen sorgte aber auch für hohe Instandhaltungskosten und nötigte den Verantwortlichen viel Improvisationstalent ab. Man versuchte daher, durch preisgünstige Gebrauchtkäufe Rollmaterial von anderen stillgelegten Kleinbahnen zu übernehmen. Mit den Jahren wurden die Bahnen selbst rollende Museen und boten noch bis in die 1980er-Jahre Fahrtkomfort der „Holzklasse", offene Plattformen und ein bunt-nostalgisches Erscheinungsbild, das manchen Familienvater veranlasste, nach dem Urlaub wieder die Modelleisenbahn aus dem Keller zu holen.

Ende der 1970er-Jahre standen die Inseln Juist, Spiekeroog und Wangerooge vor der Frage, ob durch den Bau eines ortsnahen Hafens die teure Inselbahn aufgegeben werden konnte (auf Langeoog stand eine solche Lösung dank der Lage des Inselortes nicht zur Debatte). Nur auf Wangerooge sprach man sich für die Beibehaltung der Bahn aus. Bis 1982 wurden die Bahnen auf Juist und Spiekeroog stillgelegt, dafür aber ein neuer Hafen ins Wattenmeer hineingeschnitten.

Die verbliebenen drei Inselbahnen wurden allesamt Mitte der 1990er-Jahre mit großem finanziellem Aufwand erneuert und mit neuem Fahrzeugmaterial ausgestattet. Zwar ging dadurch ein wenig vom einstigen Charme verloren, doch ist die gemächliche Fahrt in den Schmalspurzügen entlang des Watts, der Dünen oder niedrigen Buschwäldchen immer noch ein Erlebnis, das nur die Inselbahnen bieten können.

Dieses Buch möchte ein wenig die Atmosphäre der Inselbahnen einfangen: Neben den nach wie vor aktiven Bahnen besuchen wir auch die stillgelegten Strecken auf Juist und Spiekeroog, die nichtöffentlichen Bahnen auf Baltrum, Minsener Oog, Neuwerk und den Halligen sowie die Inselbahnen von Amrum und Sylt. Wer sich darüber hinaus intensiver mit den einzelnen Fahrzeugen befassen möchte, dem sei das umfangreiche Archiv auf www.inselbahn.de wärmstens ans Herz gelegt. Viel Spaß und gute Fahrt!

Malte Werning

Blaues Meer und sanfte Brise: Die DB-Lok 399 108 zieht einen vollbesetzten Personenzug vom Wangerooger Bahnhof zum Westanleger und rumpelt durch die Salzwiesen der Insel (September 2013).

Die Inselbahnen der Nordsee

Die Inselbahnen der Nordsee – fast jeder, der einmal die ostfriesischen Inseln besucht hat, kennt die kunterbunten Züge. Die Rolle, die die Bahnen spielten, wird heute leicht unterschätzt. Ohne sie wäre der Aufstieg der angesehenen Nordseebäder zu Beginn des 20. Jahrhunderts in dieser Form gar nicht möglich gewesen.

Auf den ostfriesischen Inseln lebten die Einwohner früher recht isoliert unter oft ärmlichen Verhältnissen. Diese Szene zeigt das alte Dorf Wangerooge rund um den alten Wehrturm, dessen Fundament heute am äußersten Inselwesten noch zu sehen ist. Der Turm wurde 1914 gesprengt, und das Dorf ist längst im Meer versunken. Der heutige Ort befindet sich rund 3 km weiter westlich.

Wozu braucht eine kleine Insel eine Eisenbahn? Das müssen sich viele Insulaner Ende des 19. Jahrhunderts auch gefragt haben, denn man sah sich durch den langsam aufkommenden Tourismus eher in der Ruhe und Abgeschiedenheit gestört. Schon um 1850 besaß jede der Nordseeinseln ihren Status als „Seebad", was den bis dahin in erster Linie von Seehandel, Fischerei und geringer Agrarwirtschaft geprägten armen Inselgemeinden zumindest ein kleines Zubrot versprach. Dennoch wurde den „Fremden" lange Zeit mit Misstrauen begegnet, bis jedermann die wirtschaftlichen Vorteile des Fremdenverkehrs auch im eigenen Geldbeutel erkannte.

Der lange Weg zum Seebad

Ein großes Problem für die aufstrebenden Inselbäder war ihre äußerst schlechte Erreichbarkeit. Der Wechsel zwischen Ebbe und Flut bestimmte das Leben auf den Inseln, Schiffs- und Bootsverkehr musste sich nach den Gezeiten und dem jeweiligen Tidenhub richten. An ausgebaggerte Fahrrinnen oder gar befestigte Hafenanlagen war seinerzeit nicht zu denken. Dort, wo um 1870 das wachsende Eisenbahnnetz bereits in Küstennähe kam, musste zumeist noch in Kutschen umgestiegen werden, um nach einer weiteren Fahrt einen der kleinen Sielhäfen[1] zu erreichen, von wo aus eine Überfahrt auf die Inseln möglich war. Die Reise konnte dabei zu einem kleinen Abenteuer werden: Bevor die schwereren Dampfer im Inselverkehr eingesetzt wurden, musste man auf kleine Schaluppen[2] ausweichen, die manchem nicht seefesten Badegast die „Freuden" einer Seefahrt verinnerlichten und Argumente gegen einen Badeurlaub durch den Kopf gehen ließen.

An Hafenanlagen oder Ähnliches war Mitte des 19. Jahrhunderts noch nicht zu denken. Viel zu unbeständig und unberechenbar war die See, als dass sich der Bau und die Unterhaltung solcher Bauwerke an den Inseln bereits gelohnt hätten. Zumeist machten die Boote im Wattbereich der Inseln fest und warte-

ten auf Ebbe, bis die Passagiere trockenen Fußes an Land gehen konnten. Wenn es schneller gehen sollte, wurden für die Badegäste auf vielen Inseln hochrädrige (und natürlich kostenpflichtige) Wattwagen bereitgestellt, die so weit ins Wasser hinausfuhren, dass den Badegästen ein weiteres Ausbooten[3] erspart bleiben konnte. Den Pferden ging dabei der Wellenschlag nicht selten bis zum Hals.

Nicht besser wurde es mit dem Aufkommen der Dampfschiffe, die zwar schneller waren, aber auch mehr Tiefgang besaßen. In vielen Fällen mussten diese noch weiter vom Ufer entfernt festmachen, ihren Fahrgästen ein Ausbooten und darauf einen abermaligen Umstieg in einen Wattwagen zumuten.

Wenn man sich die Mode der damaligen Zeit vor Augen führt, werden die Strapazen dieser Überfahrt besonders deutlich. In vielen Chroniken wird berichtet, dass mancher unachtsame Urlauber während des Umsteigens bereits Bekanntschaft mit dem Wasser machen musste. Um die Überfahrt so angenehm wie möglich zu machen und den Urlaubsgenuss nicht durch solcherlei Zwischenfälle zu trüben, mussten also andere Lösungen her.

„Schienenbahnen" für die Inseln

Auf Borkum und Wangerooge kannte man „Schienenbahnen" schon ab 1879 bzw. 1873, als durch Baufirmen

Einen Hang zur Dramatik muss man dem Verleger dieser retuschierten und kolorierten Ansichtskarte aus den 1960er-Jahren unterstellen, der ihr den Zusatz „Bitte während der Fahrt nicht baden!" aufdruckte. Zu sehen ist ein Wangerooger Inselbahnzug dieser Zeit.

AUF SCHIENEN DURCH DAS WATT

INSELBAHNEN DER NORDSEE

Das herausragendste Merkmal der Juister Inselbahn war die rund einen Kilometer lange Pfahljochstrecke zum Anleger. Vor allem bei höherer Tide war die Fahrt durch die Fluten für viele Fahrgäste ein unheimliches Erlebnis. Juist besaß fünf Talbot-Triebwagen, von denen wir hier T 1 im Mai 1980 vor einem Zug zum Anleger sehen. Der 1950 gebaute Triebwagen wurde ursprünglich an die Eckernförder Kreisbahn geliefert.

AUF SCHIENEN DURCH DAS WATT

1904 erhielt Wangerooge seinen dritten Anleger ganz im Osten der Insel, um auch von Wilhelmshaven und Bremerhaven aus Anschluss zu erhalten. Mit fünf Abteil- und einem Gepäckwagen steht hier die 99 023 in den 1930er-Jahren bereit. Die Wagen tragen Zuglaufschilder wie bei der „großen" Bahn.

Stark retuschierte Postkarte der Amrumer Inselbahn, die (wie die Borkumer Kleinbahn) auf 900-mm-spurigen Gleisen durch die Dünen fuhr. Personenzüge mit nur zwei Wagen waren auf Amrum durchaus der Normalfall.

Der Sylter „Inselexpress" unterwegs in den endlos wirkenden Dünenlandschaften Sylts. Bis 1955 taten Dampfloks auf der Insel Dienst.

Auf Spiekeroog war hingegen nie eine Dampflok im Einsatz. Bis 1949 fuhren Pferdewagen auf den Gleisen zum Anleger – am 31. Mai 1949 ist deshalb der Pferdewagen für die letzte Fahrt feierlich geschmückt. Am Tag darauf übernahmen die Motorfahrzeuge den Betrieb auf Spiekeroogs Inselbahn.

AUF SCHIENEN DURCH DAS WATT

INSELBAHNEN DER NORDSEE

Nirgendwo kamen Eisenbahnen dem nassen Element so nahe wie auf den deutschen Nordseeinseln. Links eine Szene vom Wangerooger Ostanleger, wo ein langer Personenzug auf die Fahrgäste der „Stadt Rüstringen" wartet.

Ganz oben der Anlegesteg auf Spiekeroog um 1926 – die hier erkennbaren Schienen dienen einer Gepäcklore, die zwischen den Schiffen und dem Pferdebahn-Bahnsteig pendelte.

Darunter ein Blick aus einem Wangerooger Zug bei Hochwasser: Die Gleise verschwanden teilweise völlig im Wasser.

AUF SCHIENEN DURCH DAS WATT

Auf Juist lag der Bahnhof bis zur Stilllegung der Inselbahn in unmittelbarer Nähe der Wattkante.

Rechts: Im Lauf der Jahrzehnte gelangten auch viele außergewöhnliche Fahrzeuge, wie z. B. Wismarer Schienenbusse (rechts oben, Borkum 2005) oder Draisinen in allen denkbaren Ausführungen (Wangerooge 1947), auf die Inseln.

bzw. die Kaiserliche Werft schweres Baumaterial auf der geschützten Wattseite der Inseln angelandet wurde. Dies wurde benötigt, um entlang der Westseite der Inseln Buhnen[4] und Dämme zu bauen, um den anhaltenden Landverlust und damit die allmähliche Wanderung der Inseln nach Osten zu bekämpfen. Sowohl Borkum als auch Wangerooge genossen wegen ihrer Nähe zur Ems- und Jademündung mit den Zugängen zum Seehafen Emden bzw. Flottenstützpunkt Wilhelmshaven besondere strategische Aufmerksamkeit der Marine. Um das Material zu den Baustellen zu bekommen, verlegte man ein Gleis, auf dem mit Muskel- oder Pferdekraft kleine Loren bewegt wurden.

Kühne Pläne reiften zwischenzeitlich auf Norderney heran: Über einen Damm quer durch das Wattenmeer sollte die Insel direkt mit dem Festland verbunden werden und Schienenanschluss erhalten. Die Pläne verschwanden bald wieder in der Schublade. Die erste „echte" Inselbahn wurde hingegen im Juli 1885 auf Spiekeroog eröffnet: Allerdings ging es bei der Eröffnung der rund 1,7 km langen und in Meterspur ausgeführten Pferdebahn vom Dorf zum Weststrand nur um einen bequemen Zubringerverkehr zwischen den Quartieren und dem Badestrand, nicht um eine Verbesserung der Erreichbarkeit der Insel.

INSELBAHNEN DER NORDSEE

Auf Borkum wurde im Juni 1888 die 900-mm-spurige Kleinbahn mitsamt eines neuen Fähranlegers eröffnet. Drei Wochen später ging auf Sylt die 1000-mm-spurige Bahn vom Fährhafen Munkmarsch nach Westerland in Betrieb. Beide Bahnen wurden von Anfang an mit Dampflokomotiven befahren.

Schon 1891 wurde ein bestehendes Materialgleis auf Spiekeroog an die Pferdebahn angeschlossen, um einen neu erbauten Anleger auch für den Bäderverkehr zu nutzen. 1894 bekam auch Amrum seine 900-mm-spurige Inselbahn, auch wenn hier – wie ursprünglich auf Spiekeroog – die von Anfang an mit Dampfloks betriebene Bahn nur dem besseren Zugang zum Sandstrand diente, da in Wittdün der Schiffsanleger unmittelbar am Ort lag.

Da Wangerooge als einzige der ostfriesischen Inseln zu Oldenburg gehörte, wollte die Großherzoglich Oldenburgische Eisenbahn (G.O.E.[5]) 1897 nicht nachstehen und eröffnete ebenfalls eine dampfbetriebene Inselbahn mit 1000 mm Spurweite zwi-

schen einem neuen hölzernen Anleger im Südwesten der Insel und dem Dorf. Und 1898 folgte auch Juist nach, wobei man sich hier wieder zu einer 1000-mm-spurigen Pferdebahn entschloss: Die Juister waren stolz, dass die Pferde sich bei ihnen mit gleich drei Wagen hintereinander abrackerten, während auf Spiekeroog nur ein einzelnes Pferd

Provisorisch mutete die 1949 eröffnete motorisierte Inselbahn auf Spiekeroog an. Der Triebwagen 1 war eine alte Wehrmachtsdraisine, die die Bahn gemeinsam mit der Gepäcklore der Gemeinde Wangerooge abgekauft hatte.

Auch heute noch ist es nicht ungewöhnlich, dass bei hohem Wasserstand die Gleisanlagen der Bahnen überfluten. So holten sich die Reisenden am 4. Oktober 2009 auf Borkum beim Umsteigen an der Reede nasse Füße.

AUF SCHIENEN DURCH DAS WATT

Eine wunderbare Gemütlichkeit strahlte die Spiekerooger Inselbahn aus. Lok 2 zieht hier einen Güterzug über die alte Anlegerstrecke zum Strand, aufgenommen um 1960. Im Bildvordergrund entstand ab 1963 eine neue Pfahljochstrecke, die zu einem größeren Anleger führte. Die kleine Deutz-Diesellok wurde (wie T 1) 1947 von Wangerooge übernommen, wo sie während des Zweiten Weltkriegs für die Wehrmacht im Einsatz war. Heute steht das Maschinchen als Denkmal vor dem Hafengebäude in Harlesiel.

INSELBAHNEN DER NORDSEE

AUF SCHIENEN DURCH DAS WATT

Fahrzeugraritäten in rauem Klima, die heute noch existieren: Der Sylter T 23 ist im Mai 1962 bei Kampen unterwegs (oben), er kann heute in Bruchhausen-Vilsen bewundert werden. Der rundliche Juister T 4 (rechts) ist hingegen seit 1996 auf dem Harzer Schmalspurnetz zu finden (Mai 1980). Und die Denkmallok von Harlesiel – aufgenommen im August 2001 – begegnete uns bereits als Spiekerooger Lok 2 auf der Doppelseite 18/19.

INSELBAHNEN DER NORDSEE

Zeitweise hatte Wangerooge bis zu drei Anleger gleichzeitig in Betrieb. Am Ostende Wangerooges kann man auch heute noch den 1958 aufgelassenen Ostanleger erwandern, von dem zahlreiche Dalben aus dem Wattboden ragen. Wegen ständiger Versandung wurden dieser Anleger und die Pfahljochstrecke aufgegeben (September 2013).

einen Wagen zog. Als „Nachzügler" führte Langeoog 1901 seine Pferdebahn ein, ebenfalls mit 1000 mm Spurweite. Auf Borkum, Wangerooge, Sylt und Amrum wurde das Gleisnetz zur besseren Erschließung der Inseln weiter ausgebaut.

Bei allen Inselbahnen kann man sagen, dass diese zu dem großen Erfolg ihrer Seebäder und der touristischen Erschließung maßgeblich beigetragen haben. Durch die deutliche Komfortsteigerung bei der Anreise stiegen die Besucherzahlen in der Folge gewaltig an.

Pferdebahn auf Juist, Langeoog und Spiekeroog

Die drei Pferdebahnen auf Juist, Langeoog und Spiekeroog wurden ganz unterschiedlich betrieben und hatten auch eine deutlich voneinander abweichende Lebensdauer: Auf Spiekeroog wurden die Gleise direkt auf dem Wattboden verlegt und damit schon bei geringem Wasserstand überflutet. Schon in Ufernähe mussten die Reisenden daher auf einen hölzernen Laufsteg umsteigen, der sie weiter hinaus auf das Wasser bis zu dem auf Reede liegen-

INSELBAHNEN DER NORDSEE

Dampf und Diesel

Dampfloks besaß die Juister Bahn nie. Das gilt auch für die anderen beiden ehemaligen Pferdebahnen, wenngleich Langeoog erst 1937 auf die moderne Traktion umstellte und Spiekeroog sogar als letzte Pferdebahn Deutschlands erst 1949. Auf Borkum, Wangerooge und Sylt wurde dagegen die Dampftraktion erst im Laufe der 1950er-Jahre abgeschafft – hier gingen durch die Entmilitarisierung mehrere Dieselloks und Draisinen an die Inselbahnen über und läuteten den Wandel ein. Seit 1996 kann man aber zumindest auf Borkum wieder regelmäßig die Dampflok „Borkum" (ehemals „Dollart") im Einsatz erleben, denn die Borkumer Kleinbahn hat sich neben ihrem modernen Fahrzeugpark auch eine ganze Reihe hervorragend aufgearbeiteter Traditionsfahrzeuge in ihren Lokschuppen gestellt.

Bemerkenswert ist der Versuch der Bahnen auf Juist, Langeoog und Sylt, den Personenverkehr ab den 1950er-Jahren fast ausschließlich mit Triebwagen abzuwickeln. Auf allen drei Bahnen waren dabei auch Dieseltriebwagen der Aachener Waggonfabrik Talbot[6] zu Hause: Zwar wurden von den schmalspurigen Triebwagen der Typen „Eifel" und „Schleswig" von 1949 bis 1955 nur insgesamt acht Exemplare ge-

Die Langeooger Pferdebahn nahe der Anlegebrücke. Auf Juist und Langeoog wurde das Pferdebahngleis im Wattbereich niedrig aufgeständert, so dass die Pferde neben dem Gleis auf dem Wattboden laufen konnten. Auf Langeoog zogen stets zwei Pferde die Wagen. Mit seitlich am Wagen herabhängenden Stoffen konnten die Passagiere gegen Spritzwasser geschützt werden.

den Schiff führte. Auf Juist und Langeoog wurde das Gleis im Wattbereich auf niedrigen Pfahljochen aufgeständert, während die Pferde neben der Strecke durchs Wasser liefen. Nach schweren Sturmflutschäden gab Juist nach nur einer Saison den Pferdebahnbetrieb auf und baute das Gleis auf höheren und deutlich verstärkten Pfahljochen wieder auf: Jetzt konnte hier aber kein Pferd mehr die Wagen ziehen, und so stellte die Bahn 1899 eine Benzinlokomotive in Dienst, die zwei Jahre nach Erfindung des Ottomotors eine sicherlich bahnbrechende Neuerung zu jener Zeit war.

AUF SCHIENEN DURCH DAS WATT

Weit weniger bekannt sind die Küstenschutzbahnen, die auf vielen Inseln existierten und teilweise auch heute noch bestehen. Für den Buhnen- und Deichbau mussten große Mengen Material bewegt werden, damit der stete Landabtrag zumindest verlangsamt wird. Neben den Halligen (hier eine 2009 gebaute Schöma-Lok im August 2013 auf der Hallig Oland) befindet sich heute noch eine solche Bahn auf Minsener Oog, aber auch festlandseitig bei Cuxhaven-Sahlenburg.

baut, doch fanden sich in den 1970ern sieben von ihnen auf den Nordseeinseln wieder. Immerhin blieben fünf bis heute erhalten, zwei sogar bei den Harzer Schmalspurbahnen im regulären Fahrgastverkehr.

Ein bemerkenswerter Versuch war schließlich auch der Umbau von fünf Borgward[7]-Lkw-Sattelschleppern zu Eisenbahnfahrzeugen bei der Sylter Verkehrs-AG. Die deutschlandweit einzigartigen Fahrzeuge prägten lange Zeit das Bild der Insel und blieben bis zur Einstellung der Sylter Inselbahn 1970 im Einsatz.

Zwischenhalte und Schiffsverbindungen

Recht unterschiedlich waren und sind die Funktionen der Inselbahnen bei der inneren Erschließung der einzelnen Inseln. Aufgabe der Juister und Langeooger Inselbahn war bzw. ist alleine die Verbindung zwischen Anleger und Inselort, während die Borkumer Kleinbahn am südlichen Ortsrand wenigstens den Haltepunkt „Jakob-van-Dyken-Weg" als Zusteigehalt besitzt. Auf Spiekeroog bediente die Inselbahn die beiden Haltepunkte „Westen" und „Zeltlager", und auch auf Wangerooge wurde lange Zeit ein Bedarfshaltepunkt „Saline" mit bedient. Auf Sylt und Amrum gibt es mehrere Ortschaften, die vor dem Bahnbau nur über unbefestigte Dünenwege zu erreichen waren, sodass die Inselbahn zum Träger des Nahverkehrs auf der Insel wurde.

Die Amrumer Inselbahn ist dabei sicherlich das traurigste Beispiel für eine Bahn, die aus einem Zusammenspiel von Misswirtschaft und außerordentlich viel Pech nur über eine kurze Lebensspanne von 46 Jahren existierte. Schon 1939 stillgelegt, gibt es von dieser überaus bemerkenswerten Bahn heute nur noch wenige fotografische Belege.

Von den verbliebenen drei Inselbahnen ist die Bahn auf Wangerooge, die auch als einzige heute noch eine regelmäßig befahrene Zweigstrecke unterhält, ein Sonderling, da sie sich – wie die Schiffslinie nach

Harlesiel – nach wie vor in Staatsbahnhand befindet. Seit 1994 gehört sie zum Deutsche-Bahn-Konzern und ist dem Fernverkehrsbereich DB Reise & Touristik (Hamburg) bzw. der DB Fernverkehr AG untergeordnet, sodass hier die mit 25 km/h langsamsten „Fernzüge" der DB fahren. Organisatorisch gehörte die Bahn von 2002 bis 2013 zudem zum Tochterunternehmen DB AutoZug, was (nicht nur) auf der autofreien Insel für gewissen Spott sorgte.

Die Borkumer Kleinbahn gehört wie die Schiffsverbindung der AG Ems, während die Langeooger Bahn einschließlich der zugehörigen Schiffslinie ein gemeindeeigener Betrieb ist.

Küstenschutz

Die Sicherung der Nordseeinseln und Halligen vor Sturmfluten und Hochwasser hat auch heute noch größte Bedeutung. Die Inseln dienen als Wellenbrecher und haben deshalb eine nicht zu unterschätzende Schutzfunktion für das hinter ihnen liegende Festland. Der Bau von Buhnen und massiven Schutzdämmen begann Mitte des 19. Jahrhunderts entlang der gesamten Nordseeinselkette unter denkbar schwierigen Bedingungen. Diese Baumaßnahmen kommen praktisch nie zu einem Abschluss – auch heute müssen die Bauten beständig erweitert, repariert und verbessert werden, damit die Inseln und Küstenlinien den Kampf gegen den „Blanken Hans" nicht verlieren.

Ende des 19. Jahrhunderts war es selbstverständlich, dass für solche Befestigungsmaßnahmen Schienen für den Transport der Materialien verlegt wurden. Meistens wurden diese oft 600-mm-spurigen Bahnen nach Beendigung der Arbeiten wieder entfernt. Das war, wie bereits erwähnt, auch auf den Nordseeinseln nicht anders und bildete auf Borkum und Spiekeroog sowie mit Einschränkungen auch Wangerooge die jeweilige Keimzelle der dortigen Inselbahnen. Auf allen drei Inseln besaß das zuständige Strom- und Hafenbauressort der Marine – bzw. nach 1948 das Wasser- und Schiffahrtsamt (WSA) – nahe den Buhnenbaustellen eigene Bauhöfe mit Gleisanschluss, um im Bedarfsfall schnell über die Inselbahn

Blick zurück in den Oktober 1991: Vor dem umfassend modernisierten Bahnhof Borkum wartet die Lok „Münster" mit einem Zug zur Reede auf Fahrgäste. Die Wagen haben damals schon ein Alter zwischen 65 und 90 Jahren auf dem Buckel, und erst drei Jahre später sollten nagelneue Züge für Ersatz sorgen. Dennoch existiert der abgebildete Zug aus dem traditionsbewussten Unternehmen heute noch. Und „Münster" ist heute rot lackiert.

AUF SCHIENEN DURCH DAS WATT

Auf Borkum zieht die Lok „Berlin" im Mai 2001 einen Personenzug am Ortsrand entlang Richtung Reede (ganz oben). Nicht weniger bunt sind die Langeooger Züge (rechts), die im Winter gekürzt fahren. Weniger einladend sind die Erinnerungen an die Militärbahnen wie auf Helgoland, wo wir auch heute noch verrostete Gleisreste auf der Ostkaje sehen können.

INSELBAHNEN DER NORDSEE

AUF SCHIENEN DURCH DAS WATT

Die Militäranlagen und die Bahn auf Helgoland unterlagen strikter Geheimhaltung, und so ist dieses Foto eine echte Rarität: Eine elektrische Lok passiert ein übererdetes bombensicheres Kraftwerk auf der Felseninsel, das die Energie für das Aufladen von U-Boot-Akkus erzeugte. Die Aufnahme entstand 1921. Bis wann und in welchem Umfang elektrisch gefahren wurde, ist nicht genau bekannt.

mit Material versorgt werden zu können. Der WSA-Bauhof auf Spiekeroog konnte nach der Sturmflut 1962 sogar über eine selten genutzte Ausweichstrecke über einen längeren Abschnitt parallel zur Inselbahn fahren. Eigene Fahrzeuge besaßen diese Bahnen jedoch – von wenigen Draisinen abgesehen – nicht. Heute hat nur noch der Wangerooger WSA-Stützpunkt einen Gleisanschluss.

Darüber hinaus gab und gibt es aber noch weitere Küstenschutzbahnen, die in diesem Buch nicht zu kurz kommen sollen. Neben den Halligbahnen, denen ein eigenes Kapitel in diesem Buch gewidmet wird, besaß die eigentlich als „Gepäck- und Frachtbahn" verwendete 600-mm-Bahn auf Baltrum bis zur Stilllegung 1985 ebenfalls einen Gleisanschluss für den WSA-Bauhof und hier sogar eine eigene kleine Lok. Küstenschutzbahnen mit 600 mm Spurweite gab und gibt es auch auf Minsener Oog und Neuwerk. Auch festlandseitig sind heute noch 600-mm-spurige Küstenschutzbahnen u. a. bei Cuxhaven und Meldorf vorhanden.

Militärbahnen

Die Darstellung der deutschen Inselbahnen wäre nicht komplett, wenn man die Militärbahnen außen vor lassen würde. Vor allem die Bahnen auf Borkum, Wangerooge und Sylt hatten unter dem großen „strategischen Wert" ihrer Inseln zu leiden und wurden in einem heute nicht mehr vorstellbaren Ausmaß um Anschlussgleise zu Bunkern, Scheinwerferständen, Kasernen, Munitionsdepots und Geschützstellungen erweitert. Von diesen Anschlussgleisen ist heute nahezu nichts mehr zu sehen.

INSELBAHNEN DER NORDSEE

Nur aus militärischen Gründen entstand 1915 – also während des Ersten Weltkrieges – auch auf Norderney eine normalspurige (!) Bahnstrecke, die vom Anleger aus nordöstlich am Ort vorbei und zu den einzelnen Stellungen in den nördlichen Dünen verlief. Nach diversen Erweiterungen im Zweiten Weltkrieg verschwanden nach 1945 alle Gleise wieder von der Insel. Norderney hatte, wie schon erwähnt, vor vielen anderen Inseln Pläne zum Bau einer Eisenbahn, konnte die aber trotz seiner Größe ironischerweise als einzige nicht durchsetzen. Sogar Planungen zum Bau einer kleinen Straßenbahn scheiterten hier.

Auch bei dem Ausbau der Felseninsel Helgoland zu einer Hochseefestung spielte eine meterspurige Bahn eine große Rolle: Von den Hafenanlagen aus wurde hier ein Gleis durch einen rund 200 m langen Tunnel auf das Oberland verlegt und verlief von dort aus bis zur Nordspitze der Insel. Die starke Steigung wurde mit einem Seilzugsystem überbrückt. Exakte Angaben über die Zahl der hier eingesetzten Lokomotiven lassen sich nicht mehr ermitteln. Sicher ist, dass auf Helgoland aber auch mindestens eine elektrische Lok eingesetzt wurde, wie ein Foto von 1921 belegt. Bei der erneuten Aufrüstung ab 1934 wurde das Gleisnetz noch stark erweitert und es wurden über 20 Diesellokomotiven für Helgoland beschafft. Ob diese alle hier zum Einsatz kamen, darf aber bezweifelt werden. Eine von ihnen, die spätere Lok 2 der Inselbahn Spiekeroog, steht heute als Denkmal am Hafen von Harlesiel. Sie wurde 1940 für Helgoland gebaut, aber schon 1943 auf Wangerooge eingesetzt. Am 18. April 1947 sprengten die Engländer die Hochseefestung – die Sprengung erlangte durch ihre Eintragung in das Guinness-Buch der Rekorde traurige Berühmtheit, denn es soll sich um die größte nichtatomare Explosion der Menschheitsgeschichte gehandelt haben. Damit endete auch der Bahnbetrieb auf Helgoland.

DIE WANDERUNG DER INSELN

Noch vor 4500 Jahren hätte man trockenen Fußes nach Helgoland wandern können, erst 1164 entstand bei einer extremen Sturmflut der Jadebusen, 1287 der Dollart in der Emsmündung. 1362 wurden bei der „Groten Manndränke" große Teile der nordfriesischen Küste überspült, wobei die Halligen entstanden. Erst 1855 gingen große Teile Wangerooges bei einer weiteren verheerenden Sturmflut unter. Doch auch ohne Sturmfluten arbeitet das Meer ständig an der Westseite der Inseln und hängt Land an deren Ostseite an. Über die vergangenen Jahrhunderte hat ein ständiger Wanderungsprozess die Inseln immer weiter nach Osten versetzt. Manche früher im Osten einer Insel aufgebaute Ortschaft steht heute ganz im Westen oder ist gar längst versunken. Moderne Küstenbefestigungen haben diese Wanderung mittlerweile zumindest verlangsamt. Probleme haben aber viele Inseln weiterhin, und es müssen jährlich enorme Beträge aufgewendet werden, um die Sandabtragungen an Dünenketten wieder zu kompensieren.

Auf Norderney hält der Bahnhof „Stelldichein" die Erinnerung an die meterspurige Marinebahn wach, die von 1915 bis 1947 existierte. Öffentlichen Personenverkehr gab es hier nicht, und an dieser Stelle befand sich damals ein Festungsschirrhof (Januar 2010).

Obwohl auf Borkum Autos fahren, hat die Inselbahn einen festen Platz in den Verkehrs- und Touristikkonzepten der westlichsten Insel. Hier sehen wir die Lok „Emden", die soeben den historischen Personenzug aus der Wagenhalle rangiert, aufgenommen im April 2011. Mit Baujahr 1970 ist die Maschine noch gar nicht so alt. Sie trägt heute einen roten Lack.

Zweigleisig auf 900 mm: Borkum

Borkums Kleinbahn fährt auf 900-mm-Gleisen, ist zweigleisig und besitzt als Einzige der verbliebenen Bahnen einen planmäßigen Nostalgieverkehr. Trotz parallelem Autoverkehr widersteht die Bahn ihrer Konkurrenz und fährt in eine gesicherte Zukunft.

Der Blick auf den Borkumer Bahnhof mit dem imposanten Leuchtturm im Hintergrund, aufgenommen um 1951. Rechts ist die etwas hochtrabend als „Triebwagen 3" bezeichnete Wehrmachtsdraisine zu sehen, links die Dampflok „Aurich".

Die Insel Borkum ist die westlichste der ostfriesischen Inseln und mit einer Größe von fast 31 Quadratkilometern zugleich die größte. Bei einem flüchtigen Blick auf die Karte könnte fast der Eindruck entstehen, dass Borkum bereits zu den Niederlanden gehören würde, denn dessen Festland liegt deutlich näher. So benötigt die Fähre heute nur 50 Minuten vom niederländischen Eemshaven aus, während man vom Emdener Außenhafen aus – wenn man nicht die Katamaran-Verbindung der AG Ems wählt – über zwei Stunden unterwegs ist.

Als Bahnfahrer hat man es leicht, wenn man nach Borkum fährt: Vom Emdener Hauptbahnhof aus fahren die Züge direkt zum Außenhafen, wo man quasi vom Bahnsteig aus auf das Fährschiff umsteigen kann. Die großen Schiffe schlucken dabei auch den Auto- und Lkw-Verkehr, der zur Insel übersetzt. Per Lastwagen gelangt auch das gesamte Frachtaufkommen auf die Insel.

Bei der Fahrt über die Emsmündung kommt beinahe etwas „Hochseegefühl" auf, bis die Schiffsreise entlang des Leitdamms der Fischerbalje an der geschützten Südseite der Insel an der Borkumer Reede endet. Direkt neben dem anlegenden Schiff wartet auch bereits der Zug der Borkumer Kleinbahn & Dampfschiffahrtsgesellschaft mit einem kunterbunten Inselbahnzug hinter einer roten Schöma[8]-Lok, die die nicht autofahrenden Fahrgäste nach dem Umsteigen in rund 20 Minuten zum Inselort bringt.

Mit fast 50 km/h hat Borkum von allen ostfriesischen Inseln nicht nur die schnellste, sondern auch mit über

7 km Strecke die längste Inselbahn, die zudem sogar zweigleisig ausgebaut ist. Die Fahrt geht zunächst in nordwestliche Richtung neben der Straße schnurgerade über den mittlerweile mit Heide überwachsenen Wattdamm, bis die Bahn das Deichschart[9] und die anschließenden Woldedünen mit niedrigen Buschwäldchen erreicht. Der Zug fährt jetzt westwärts und erreicht die ersten Häuser der Siedlung an der Kiebitzdelle. Hier befindet sich der Haltepunkt „Jakob-van-Dyken-Weg", an dem die Züge planmäßig halten. Nach einem großen Bogen nach Norden erreicht der Inselbahnzug dann den Ortsmittelpunkt von Borkum, in dem es für die Bahn etwas beengt zugeht: Linkerhand tauchen zunächst einige von Süden her anzufahrende Stichgleise mitsamt einer Wagenhalle mit immerhin 84 m Nutzlänge auf. Wenige Meter weiter folgt links der (jetzt nur von Norden anzufahrende) 1993/94 sanierte Betriebshof gegenüber dem Busbahnhof. Und dann kommt der Kleinbahnzug schon am Bahnhof zu stehen: Zwei Gleise reichen hier aus. Von hier aus sind es nur wenige Schritte in die Straßen des Ortes, zum Strand und bis zum Neuen Leuchtturm.

Der Verkehr der Borkumer Kleinbahn wird heute in erster Linie mit den drei 1993 von Schöma gebauten Dieselloks „Hannover", „Berlin" und „Münster" sowie der ähnlichen 2007 gebauten Lok „Aurich" be-

Jüngste Lok auf Borkum ist die erst 2007 in Dienst gestellte Schöma-Lok „Aurich", die ihren Namen von dem Dampfer auf der gegenüberliegenden Seite übernahm. Hier brummt die Lok auf das Deichtor zu (Oktober 2010).

Ein koloriertes Ansichtskartenmotiv aus der Frühzeit der Borkumer Kleinbahn, aufgenommen um 1910 an der Reede.

stritten, die seit 1994 mit zwei bunt lackierten Neubau-Wagengarnituren der Waggonbau Bautzen zum Einsatz kommen. Die Wagen sind erstmalig auf der Insel mit Druckluftbremse ausgerüstet. Ihr Erscheinungsbild orientiert sich aber an den historischen Kleinbahnwagen mit offenen Plattformen. Loks und Wagen sind untereinander mit Scharfenbergkupplungen verbunden.

Darüber hinaus verfügt die Kleinbahn auch noch über einen beachtlichen historischen Fahrzeugpark, der allerdings die klassischen Hakenkupplungen und die für die Borkumer Kleinbahn so typischen Doppelpuffer besitzt und daher nicht mit den neuen Fahrzeugen kompatibel ist. Allen voran ist seit 1997 die Dampflok „Borkum"[10] betriebsfähig, die in der Saison regelmäßig vor planmäßigen Zügen eingesetzt wird. Hierfür wird eine historische Wagengarnitur vorgehalten. Seit 1998 ist auch der Triebwagen 1, ein Wismarer Schienenbus[11], wieder einsatzbereit und kann für Sonderfahrten für ein vergleichsweise kleines Entgelt gechartert werden. Auch die älteren Dieselloks „Leer", „Münster" und „Emden" aus den Jahren 1935, 1957 und 1970 stehen zur Verfügung, wenn die älteren Wagen bewegt werden.

Die Geschichte der Borkumer Kleinbahn begann mit einem großen Feuer: Der auch heute noch vorhandene Alte Turm der Insel diente schon seit 1817 als Leuchtturm, brannte aber im Februar 1879 komplett aus. Die Feuer waren noch nicht endgültig gelöscht, als die Regierung bereits den Bau eines neuen Turms in Auftrag

Die Reede in den 1950er-Jahren: Im Vordergrund ist der heute noch benutzte Anleger zu sehen, an dem neben der „Reedeschenke" auch der Hafenmeister und der Zoll Büros betrieben. Auf der gegenüberliegenden Seite befanden sich die Anlagen für den Güterumschlag, so ein Krangleis und ein Brennstofflager von Habich & Goth. Links und rechts der Wattbahn hat sich bereits beträchtlich Land abgelagert.

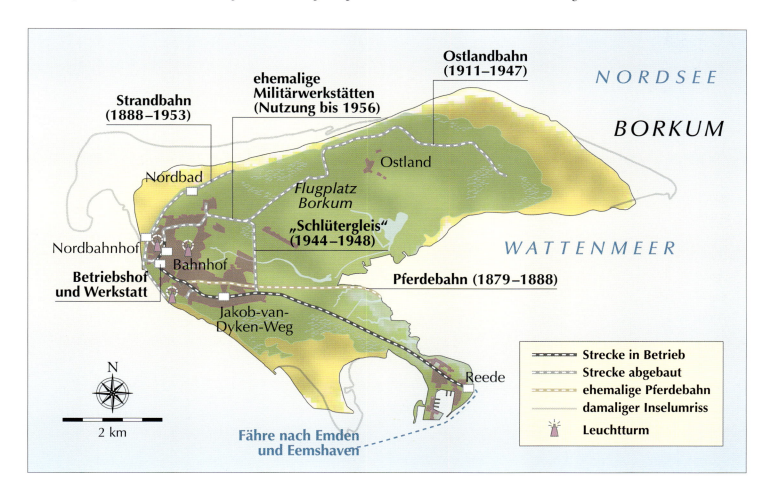

BORKUM

Hier erreicht die erst 1940 gebaute Dampflok „Dollart" den Bahnhof Borkum in den 1950er-Jahren. Die Lok wurde 1962 außer Dienst gestellt, stand fast 20 Jahre als Denkmal vor dem Kurhaus und darf seit 1997 wieder über Borkums Gleise schnaufen – jetzt aber mit dem Namen „Borkum".

Auf Borkum kann man die drei baugleichen Schöma-Loks aus dem Jahre 1993 gut an ihren unterschiedlichen Auspuff-farben erkennen: Lok „Hannover" besitzt ein rotes Rohr, während „Berlin" Silbergrau und „Münster" Schwarz „tragen". Die neue Lok „Aurich" besitzt hingegen ein blaues Auspuffrohr. Hier ist die „Hannover" auf der Wattbahn Richtung Reede unterwegs (September 2006).

gab. Die Schiffsnavigation auf der Außenems war stets besonders schwierig und das Borkumer Leuchtfeuer deshalb unverzichtbar. Für die Heranschaffung der Baumaterialien liefen die vom Festland kommenden Schiffe bei Flut eine Bucht auf der Wattseite der Insel an, östlich des heutigen Ortes. Mithilfe einer Pferdebahn wurde das Material über fast 5,5 km bis zur Baustelle des neuen Leuchtturms am Rand des Ortes gebracht. Auch sonst gab es rege Bauaktivitäten auf Borkum, und nach Fertigstellung des Turms wurden zahlreiche weitere Buhnenbaustellen und Bauhöfe von der Pferdebahn mit bedient – nicht immer zur Freude zahlreicher Insulaner, denn die Bahn nahm wertvolle Weidefläche in Anspruch.

Doch die Keimzelle der Inselbahn war geboren: 1888 gelang es schließlich der Firma Habich & Goth, an einem auf der Südseite der Insel gelegenen ständig schiffbaren Priel – der Fischerbalje – eine auf Dauer angelegte Landungsbrücke zu errichten und diese Reede mit dem Inselort über einen in den Watt gebauten Sanddamm zu verbinden. Auf dem größtenteils schnurgerade verlaufenden Damm wurde eine 900-mm-spurige Bahnstrecke verlegt, die über kurze Abschnitte auch auf Pfählen aufgeständert wurde. An der Südseite des Inselortes traf die neue Inselbahn, die die erwähnten Weiden der Insulaner nun nicht mehr berührte, wieder auf die Trasse der alten Pferdebahn – damit hatte die Bahn eine Länge von beachtlichen 7321 Metern.

Am 15. Juni 1888 fuhr der erste Inselbahnzug zwischen der Reede und dem Ort. Drei Loks mit den Namen „Melitta", „Moritz" und „Borkum" standen zur Verfügung. Im Bereich der Kiebitzdelle wurden ein kleines Stationsgebäude und ein Haltepunkt angelegt. Die übrige Infrastruktur wie der Lokomotivschuppen und die Werkstatt entstand erst in den Folgejahren, wie auch ein zweiter Anleger für den Güterverkehr in unmittelbarer Nachbarschaft zum bestehenden. Schon nach wenigen Jahren stiegen Borkums Besucherzahlen. Die Materialtransporte in den Ort wurden nun ebenfalls über die neue Bahnstrecke durchgeführt, die weitere Reste der alten Pferdebahn in den Dünen und an den Buhnenbaustellen entlang des Weststrandes einbezog – so entstand die „Strandbahn" entlang der heutigen Promenade am westlichen Ortsrand. Darüber hinaus entstanden mehrere weitere Anschlussgleise im Laufe der Jahre, und auch beim Bau des „Elektrischen Leuchtturms"[12] 1889 kam die Bahn zum Einsatz.

1903 übernahm die Borkumer Kleinbahn & Dampfschiffahrt AG mit Beteiligung der AG Ems die Bahn von Habich & Goth. Eine neue Betriebsgenehmigung wurde ausgesprochen, was einer Neukonzessionierung gleichkam, die sie nunmehr als „nebenbahnähnliche Kleinbahn" nach dem Preußischen Kleinbahngesetz[13] einstufte. Aus diesem Grund nennt sich Borkums Inselbahn auch heute noch „Kleinbahn".

BORKUM

Borkums zunehmende Militarisierung prägte die folgenden Jahre und die Entwicklung der Kleinbahn: Kaiser Wilhelm II. erklärte Borkum 1902 zur Seefestung, ab 1908 wurden die beiden Landungsbrücken durch Anlandung von Material und verschiedenen Befestigungen allmählich zu einem richtigen Hafen ausgebaut. Auch das Gleisnetz wuchs: Neben neuen Gleisen im Hafen wurde die Inselbahnstrecke für die Marine zweigleisig ausgebaut und im Wattbereich ein schwerer Steinschüttdamm angelegt (übrigens ohne Genehmigung der Aufsichtsbehörden). Für den Bau einer Kaserne und verschiedener Batterien in den Dünen nördlich und nordöstlich des Ortes errichtete das Militär als Verlängerung der bestehenden Kleinbahn eine eigene, zunächst über 6 km lange Strecke entlang des Dünengürtels am Nordstrand bis weit in den Osten der Insel hinein. Bis 1917 hatte sich diese sogenannte „Ostlandbahn" auf 8,6 km verlängert und reichte bis fast an das Ostende Borkums. Zahlreiche Anschlussgleise führten zu Scheinwerferständen und Geschützstellungen.

Auf Borkum steht seit März 1997 wieder die Dampflok „Borkum", die ehemalige „Dollart", im Einsatz. Vor allem an Samstagen zwischen April und Oktober wird die Maschine angeheizt und vor der alten Wagengarnitur eingesetzt. Hier erreicht der Dampfzug gerade die Reede (September 2006).

ZWEIGLEISIG AUF 900 MM

BORKUM

Trotz des umfangreichen Gleisnetzes konnte die Kleinbahn nur den Verkehr zwischen Dorf und Reede bewältigen, allerdings befuhr sie ab 1929 saisonal auch die bisher nur für Materialfahrten benutzte „Strandbahn" für badehungrige Urlauber. 1938 wurde eigens hierfür der Wismarer Schienenbus T 1 bestellt, der aber kriegsbedingt erst ab 1949 eingesetzt werden sollte.

Ab 1935 wurde auf Borkum wieder aufgerüstet. Da der Erste Weltkrieg wenig Schäden auf der Insel hinterließ und das Gleisnetz der Marine nach wie vor militärisch genutzt wurde, fand enormer Bauverkehr über die Bahn statt. Ein Fliegerhorst entstand, außerdem errichtete die Marine westlich des bisherigen einen neuen Hafen als U-Boot-Stützpunkt und eine Betonstraße (die heutige Reedestraße) parallel zur Eisenbahn. Die Kleinbahn selbst wurde dem Militär unterstellt und litt unter der starken Beanspruchung von Menschen und Material – immerhin wurde zu dieser Zeit ein neuer Lokschuppen fertiggestellt. Ein schwerer Bombenangriff im August 1944 führte dazu, dass entlang der heutigen Ostfriesenstraße noch 1944 ein neues Gleis verlegt wurde, mit dem die Militärbahn aus dem Osten kommend direkt ohne Fahrt durch den Ort zum Hafen gelangen konnte.

Bis 1947 waren die Militärbahnen nahezu komplett abgebaut und deren Rollmaterial sowie die Marinewerkstatt von der Kleinbahn einverleibt worden. Neben diversen Wagen konnte die Kleinbahn einen weiteren Wismarer Schienenbus (T 2), eine Draisine (T 3) und zwei Dieselloks („Emden", „Leer") übernehmen, die den eigenen Dampflokbestand bereicherten.

Zumindest im Güterverkehr brachen nun aber schlechte Zeiten für die Kleinbahn an, denn der neue Militärhafen wurde jetzt als Fischereihafen genutzt und besaß keinen Bahnanschluss, war dagegen aber über die seit März 1944 für den allgemeinen Verkehr

Als ein „Ticket" noch aus Pappe war: Sonderfahrkarte der Borkumer Kleinbahn.

Bei knackiger Winterkälte sind die Fahrten der Dampflok besonders eindrucksvoll. Hier legt sich die „Borkum" mit dem Personenzug auf der schnurgeraden Wattbahn zum Hafen ins Zeug (Dezember 2008).

freigegebene Betonstraße parallel zur Kleinbahn problemlos zu erreichen. Proteste der Kleinbahn, die ihre Existenz durch den Verlust ihres Monopols bedroht sah, halfen nichts. Ab 1953 wurde die Strandbahn das letzte Mal befahren und nach Sturmflutschäden abgebaut, 1957 aber mit der von Schöma gebauten neuen Lok „Emden" auch eine leistungsfähigere Diesellok fabrikneu beschafft. Aus der Sturmflutkatastrophe von 1962 ging die Kleinbahn jedoch zumindest politisch gestärkt heraus, als sich die Inselbewohner trotz enormer Schäden an der Bahn für eine Beibehaltung des Betriebes aussprachen. Schon 1964/65 endete allerdings der Stückgut- und Expressverkehr, als Lkw diese Aufgabe übernahmen. Auch fuhren mittlerweile Omnibusse für die Kleinbahn, die während der Behebung der Sturmflutschäden angeschafft worden waren. 1968 schließlich konnten mit der Indienststellung einer neuen Fähre Urlauber mit dem eigenen Auto auf die Insel gelangen, und umgehend wurden erneut Diskussionen über die Beibehaltung des Inselbahnbetriebes losgetreten. Der Güterverkehr endete endgültig Anfang der 1970er-Jahre, in den verkehrsschwachen Wintermonaten wurde der Zugbetrieb zeitweilig ganz zugunsten des Omnibusses eingestellt. 1989 wurde versuchsweise das westliche Streckengleis stillgelegt und ein eingleisiger Betrieb erprobt. Der Versuch scheiterte, schon 1993 wurde das zweite Gleis mit schwerem Profil wieder aufgebaut. Mit den bereits erwähnten neuen Loks und Wagengarnituren wurde 1994 auch wieder der durchgehende Winterbetrieb eingeführt. Ab Herbst 2007 wurde das östliche Streckengleis vollständig erneuert und ertüchtigt, ab Januar 2014 wieder das westliche.

Das Umsetzen der Zuglok sowohl an der Reede als auch im Ortsbahnhof gehörte jahrzehntelang zum gewohnten Bild auf Borkum. Dabei musste dieses Rangiermanöver nicht selten inmitten zahlloser an- und abreisender Touristen durchgeführt werden, was zu gewissen Behinderungen führte. Um das zu vermeiden, entschied sich die Kleinbahn 2005 bei den beiden neueren Zuggarnituren zur Einführung eines „Wendezugbetriebs", bei dem an jedem Zugende immer eine Lok verbleibt und der Lokführer nur auf die jeweils in Fahrtrichtung vordere Lok wechselt. Doch dafür waren vier Loks notwendig: Aus diesem Grund wurde die Schöma-Lok „Aurich" 2007 angeschafft, und die übrigen drei älteren Maschinen „Hannover", „Berlin" und „Münster" wurden im gleichen Jahr bei ihrem Hersteller umgebaut. Da die jeweils am Zugende laufende Lok nur geschleppt wird, musste die Schmierung überarbeitet werden. Gleichzeitig erhielten die Loks Stromgeneratoren für die elektrische Energieversorgung der Züge.

Der weiter zunehmende Besucherstrom, ein allgemeines Umdenken in der Umwelt- und Verkehrspolitik und die zunehmende Akzeptanz der liebgewonnenen Bahn haben dazu geführt, dass die Borkumer Kleinbahn dank der gewaltigen Investitionen der letzten Jahre in eine gesicherte Zukunft blicken kann.

An der Zufahrt zum Neuen Hafen befindet sich eine Fußgängerbrücke, von der sich dieser schöne Ausblick auf dem oberen Bild links ergibt. Auf dem ehemaligen Marinegelände steht u. a. eine Jugendherberge (Mai 2001). Links unten ist die nur sehr selten eingesetzte DWK-Lok „Leer" aus dem Jahr 1934 zu sehen, die hier einen Sonderzug ziehen darf (Januar 2009).

Auf Borkum tragen kurioserweise gleich zwei Dieselloks den Namen „Münster". Bei Bauarbeiten am Streckengleis hilft hier die ältere Lok aus dem Jahr 1957 aus (Oktober 2007).

ZWEIGLEISIG AUF 900 MM

Mitte der 1970er-Jahre wurden die Züge noch von Kräuterlikör-Werbung beherrscht. Die 1942 gebaute dieselelektrische Henschel-Lok „Emden" zieht hier eine Wagengarnitur, auf die heute jede Museumsbahn neidisch wäre. Tatsächlich ist die Lok heute betriebsfähig in Bruchhausen-Vilsen zu finden (Mai 1975).

Einweihung des Wendezugbetriebs auf Borkum im Juli 2007 – unter dem Beifall der Lokalpolitik erreicht die festlich geschmückte Lok „Aurich" den Haltepunkt „Jakob-van-Dyken-Weg".

BORKUM

Eine idyllische Szene an der Kiebitzdelle. Der bunte Zug hat gerade den Haltepunkt „Jakob-van-Dyken-Weg" verlassen und den „Krummen Blockweg" überquert. Lok „Hannover" zieht die Wagenschlange weiter Richtung Reede (September 2006).

Dampflok „Dollart" verlässt hier mit einem Zug zur Reede den Inselbahnhof. Hinter der Lok läuft noch ein Flachwagen für sperrige Güter mit (Juli 1966).

Pfahlstrecke durchs Meer: Juist

Juists Inselbahn hatte etwas Spektakuläres: Nirgendwo sonst spielten sich bei hohem Wasserstand solche „dramatisch" anmutenden Szenen ab, wenn ein Zug sich nur knapp oberhalb der Wasseroberfläche seinen Weg durch die Nordsee bahnte. 1982 wurde die Juister Bahn jedoch durch einen Hafenneubau überflüssig.

Um 1914 entstand diese Aufnahme, die die Erweiterung des Juister Anlegers zeigt. Im Hintergrund hat der Raddampfer „Ostfriesland" festgemacht. Die Wagen stammen noch aus der nur einen Sommer andauernden Pferdebahnzeit auf der Insel.

Östlich von Borkum finden wir auf der Landkarte die schmale, aber dafür umso längere Insel Juist mit knapp 16,5 Quadratkilometer Landmasse vor. Es wird vermutet, dass Juist im 13. Jahrhundert durch Aufsandungen auf den Resten der einst großen und heute untergegangenen Insel Bant entstand. Der Inselort besteht aus den heute miteinander verwachsenen Westdorf und Ostdorf in ungefährer Inselmitte und dem weiter westlich liegenden Dorf Loog. Durch die geringe Breite der Insel, die lediglich zwischen 500 und 900 Metern beträgt, liegt das Wattenmeer unmittelbar südlich des Ortes. Ideale Bedingungen also für die Erreichbarkeit über das Wattenmeer, sollte man meinen – doch dem war über viele Jahrzehnte nicht so. Die schwierigen Strömungsverhältnisse vor Juist sorgten für eine lang gezogene Sandbank an der Südseite, sodass sich die Schiffe auf höchstens 1 km an die Insel annähern konnten. Erst 1981/82 konnte ein schiffbarer Hafen unmittelbar südlich des Ortes in Betrieb genommen werden, der aber empfindliche Eingriffe in das höchst sensible Ökosystem des Wattenmeeres forderte. Tidefrei ist Juist dennoch bis heute nicht, weswegen jeden Tag nach einem zeitversetzten Schiffsfahrplan gefahren werden muss. So manchen Kurzausflügler schreckt das ab, aber Juist profitiert aus dieser Abgeschiedenheit auch durch seine Ursprünglichkeit, die im starken Kontrast zu den Urlaubsmagneten Borkum und Norderney steht. Und Juist bleibt autofrei.

Durch den Bau des Juister Hafens verlor die spektakulärste Inselbahn der Nordsee ihre Existenzberechtigung und wurde ab 1982 abgebaut. Eisenbahnfans bot die Fahrt vor allem bei Hochwasser ein Erlebnis, das seinesgleichen suchte: Auf einer Länge von über 700 Metern verlief die Strecke durch das Watt aufgeständert auf Pfahljochen[14]. Bei Hochwasser kam es daher nicht selten vor, dass die Züge über die Holzkonstruktion fuhren, während die Schienen bereits im Wasser verschwanden und die Wellen gegen die Seitenwände der Personenwagen klatschten. Eine

Vom Anleger aus wurde der nach diversen Schäden „krumme" Verlauf der Pfahljochstrecke besonders deutlich. Hier erreicht ein Triebwagenzug mit dem Talbot-T 2 an der Spitze den Anleger (1980).

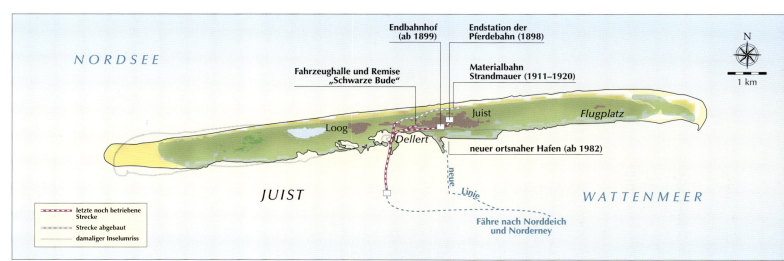

PFAHLSTRECKE DURCHS MEER

Bilder des 1949 erbauten neuen Anlegers (oben und rechts) aus den 1950er-Jahren. Unten eine Aufnahme des ersten hölzernen Bahnhofsgebäudes von Juist, das bis 1919 existierte, und der beiden Motorloks „Ricklef" und „Adolf".

Vielzahl dramatisch retuschierter Ansichtskarten zeugt von der durch solche Ereignisse beflügelten Fantasie der Badegäste und Kartenverleger Mitte des 20. Jahrhunderts.

Die Geschichte der Inselbahn begann mit dem Bau einer rund 300 m langen Landungsbrücke durch die Dampfschiffsrhederei Norden im Jahr 1894, weit draußen im Watt liegend. Zwei Jahre zuvor wurden in Norddeich die neuen Hafenanlagen eröffnet, sodass das Fahrgastaufkommen nun ständig anstieg. Von der Insel aus ließ sich der Holzsteg gerade noch mit hochrädrigen Wattwagen erreichen. Hier mussten die Reisenden dann die letzten Meter zum Schiff auf dem Steg gehen. 1896 wurde die Konstruktion noch einmal um 76 m inselwärts verlängert. Mit dem Blick auf die Aktivitäten der Nachbarinseln, die den Badebesuchern bereits deutlich mehr Komfort boten, reichte das aber nicht aus. Ziel war es, die Reisenden wenigstens am Nordende des Stegs sicher und bequem abzuholen. Daher wurde auf hölzernen Pfahljochen ein 1000-mm-spuriges Gleis durch das Wattenmeer gebaut, das über den Dellert – eine vorgezogene kleine Landspitze auf der Südseite Juists – das Inseldorf mit dem Landungssteg verband. Die Bahn war als Pferdebahn konzipiert: Die Pferde sollten auf dem Wattboden laufen und die rund einen Meter höher auf den Gleisen rollenden Wagen ziehen. Einmal am Landungssteg angekommen, hatten die Reisenden mitsamt ihres Gepäcks immer noch

Die Juister waren stolz auf ihre Strecke, die mitten durch das Meer führte. Entsprechend viele solcher Ansichtskartenmotive wurden ab den 1930er-Jahren verbreitet. Hier ist die 1935 gebaute Lok „Carl" mit den Wagen 9, 13, 7 und 8 auf der Pfahljochstrecke Richtung Anleger unterwegs.

Hochbetrieb im Bahnhof Juist: Triebwagen 3 setzt hier vor einen Zug zum Anleger (September 1974).

PFAHLSTRECKE DURCHS MEER

Direkt am Wattufer lag der Bahnhof von Juist, den wir hier auf einer Luftaufnahme sehen (um 1960). Am Bahnsteig stehen die vierachsigen, von der Karlsruher Lokalbahn übernommenen alten Wagen vor ihrem Umbau zu Beiwagen.

JUIST

PFAHLSTRECKE DURCHS MEER

Bei Hochwasser konnten sich dramatische Szenen auch bei der Inselbahn abspielen: Dann blieben die Triebwagen im Lokschuppen, damit sie keinen Schaden an ihren Getrieben nahmen. Die beiden Dieselloks „Carl" und „Heinrich" von 1951/53 konnten dank ihres Rollkettenantriebes auch bei höherem Wasserstand eingesetzt werden: „Carl" führt hier den Zug zum Anleger an, in der Zugmitte ist zwischen den Beiwagen „Heinrich" eingestellt (30. April 1979).

viele Meter bis zum Schiff zu gehen. Für den Gepäckumschlag existierte auf dem Anleger ein eigenes kleines Lorengleis, auf dem die Wägelchen mit Muskelkraft bewegt werden konnten. Daneben lag etwas tiefer das neue Gleis der Inselbahn.

Auf Juist war man stolz über die neue Errungenschaft, die am 19. Juni 1898 eingeweiht wurde, und verwies darauf, dass das Gleis viel aufwendiger gebaut war als die Pferdebahn von Spiekeroog. Die Pferde mussten, wiederum im Gegensatz zu Spiekeroog, hier auch „richtige Züge" ziehen, denn der Zug bestand aus drei gekuppelten Pferdebahnwagen, für die auch drei Pferden eingespannt wurden. Die Wagen wurden untereinander mit simplen Kupplungsstangen und Bolzen verbunden – ein Kupplungssystem, das auch in den kommenden Jahrzehnten nie verändert werden sollte. Die ursprüngliche Hoffnung, die Bahn bis zum Kurhaus im Inseldorf bauen zu können, zerschlug sich aber am Widerstand der Gemeinde Juist. So fand die Bahn ihren vorläufigen Endpunkt am Kurplatz.

Vier Monate später wurden die guten Erfahrungen mit der neuen Bahn jäh getrübt, als ein Sturm verheerenden Schaden an der Pferdebahn anrichtete und die Gleisanlagen im Watt zerschlug. Anfang 1899 ließ die Reederei die Gleisanlagen wieder aufbauen, nun aber deutlich massiver und stärker. Und nach Borkumer und Wangerooger Beispiel sollte nun eine „echte Eisenbahn" fahren. Rückblickend betrachtet zeigten sich die Verantwortlichen ungewöhnlich innovativ und beschafften im Frühjahr 1899 eine Lok der Kölner Gasmotorenfabrik Deutz[15] mit Verbrennungsmotor. Man muss sich das vorstellen: Erst zwei Jahre zuvor erfand Rudolf Diesel den Rohölmotor, und Praxiserfahrungen gab es bislang nur in eingeschränktem Umfang. „Ricklef", so der Name des Maschinchens, besaß einen Einzylinder-Viertakt-Ottomotor mit beachtlichen 12 PS – das war für die Förderung der Züge gleich die vierfache Leistung gegenüber den bisherigen drei Pferden.

Am 4. Juni 1899 knatterte „Ricklef" erstmals über die neu erbaute Pfahljochstrecke durch das Wattenmeer.

JUIST

Die Umstellung auf Motorbetrieb war der Gemeinde noch etwas zu „viel Fortschritt", sodass die Inselbahn ihren Endpunkt an den Südrand des Ortes verlegte. Hier entstand, in unmittelbarer Nähe des Wattufers, zunächst eine hölzerne Abfertigungshalle mit einem kleinen Bahnsteig. Eine einfache Ausweiche zum Umfahren der Wagen reichte damals aus. In einer Entfernung von rund 500 Metern zum neuen Endbahnhof entstand kurz darauf eine etwas erhöht gebaute Wagenwerkstatt. Insgesamt hatte die Strecke eine Länge von 2,8 km.

Offenbar bewährte sich der Betrieb mit der Motorlok. 1902 und 1913 beschaffte die Reederei zwei weitere Deutz-Loks, und auch der Wagenpark vergrößerte sich. Nach den ersten erfolgreichen Jahren in der Inselbahn-Geschichte musste der Anleger 1911 Verlängerungsarbeiten über sich ergehen lassen, nachdem das Fahrwasser versandete. Gleichzeitig verlängerte man nun aber endlich das Gleis bis an das Ende des Anlegers, sodass der Fußweg beim Umsteigen zwischen Bahn und Schiff auf ein erträglicheres Maß reduziert wurde.

Um den steten Landabtragungen auf der Seeseite Juists entgegenzuwirken, wurde die Inselbahn ab 1913 in den Bau einer neuen Strandmauer einbezogen. Am Dellert wurde dabei ein Abzweig eingebaut und das neue Materialgleis in nordöstlicher Richtung bis zum Kurhaus geführt. Im Gegensatz zu Borkum hatte Juist praktisch keine militärische Bedeutung in den beiden Weltkriegen, dennoch wurde das Gleis bis 1945 zeitweise auch für die Belieferung eines Munitionsdepots verwendet.

Der rundlichere und etwas modernere T 4 (oben) blieb ein optischer Außenseiter auf Juist. Heute fährt er nach einigen Umbauten immer noch im Harz. Unten sehen wir den T 2 auf der Pfahljochstrecke (September 1974).

53

PFAHLSTRECKE DURCHS MEER

Die Flut kommt! „Carl" schiebt bereits eine Bugwelle vor sich her, als die bis auf den letzten Platz belegte Lok vom Anleger zurückkehrt und hinter den schützenden Deich fährt.

Noch bis zur Stilllegung der Inselbahn wurden einige Meter dieses Gleises als Ladegleis weiterverwendet.

Ab 1917 firmierte die Reederei als Aktiengesellschaft Reederei Norden-Frisia und ist unter diesem Namen auch heute noch aktiv. 1925 und 1935 erhielt Juist leistungsfähigere Deutz-Loks mit den Namen „Carl" und „Paul". Die Loks waren grün gestrichen, während spätestens jetzt die Personenwagen eine cremegelbe Lackierung mit grün abgesetztem Zierstreifen erhielten. Die wirtschaftlichen Bedingungen besserten sich Anfang der 1930er-Jahre, der Bäderverkehr erreichte neue Rekordzahlen. In einem großen Kraftakt wurden die Gleisanlagen ab 1934 erneuert und der durch Sturmschäden und Eisgang stets gebeutelte Anleger verstärkt. 1936 wurde eine neue Fahrzeughalle und Lokremise westlich des Bahnhofs gebaut, wo bisher die hölzerne Wagenwerkstatt stand. Die „Schwarze Bude" existiert auch heute noch. Und auch der bisherige Inselbahnhof wurde 1936 durch einen neuen Klinkerbau ersetzt. Fast 20 000 Kurgäste wurden mittlerweile pro Jahr gezählt, und die Inselbahn sah sich gut gerüstet. Lediglich bei den acht zweiachsigen Personenwagen sah man dringenden Erweiterungsbedarf. So erwarb die Reederei 1939 acht Vierachser von der Karlsruher Lokalbahn, von denen sechs die künftigen Stammfahrzeuge für den Personenverkehr wurden. Die beiden übrigen Wagen wurden zu offenen Güterwagen umgebaut.

Während der Zweite Weltkrieg keine großen Schäden auf Juist anrichtete, zerstörte starker Eisgang im Winter 1947 den Anleger vollständig. Im Mai 1949 nahm die Reederei dafür einen neuen und sehr massiv gebauten Anleger in Betrieb, auf dem drei Gleise mit zwei Außenbahnsteigen Platz fanden. Die Fahrgastzahlen vervielfachten sich in den kommenden Jahren. Im März 1952 kaufte die Reederei bei Deutz die fabrikneue Lok „Heinrich", die mit 118 PS Leistung die bislang stärkste war.

JUIST

Wenige Minuten später ist das Deichtor geschlossen. Vom Schart aus beobachten die Passanten, wie das Gleis allmählich im Wasser verschwindet. Die Bilder auf dieser Doppelseite verdanken wir Dieter Riehemann, der die eindrucksvollen Szenen am 30. April 1979 mit der Kamera festhielt.

PFAHLSTRECKE DURCHS MEER

Die zweite Lok mit Namen „Heinrich" kam erst 1971 nach Juist. Sie wurde 1953 von Deutz gebaut, an die Herforder Kleinbahnen geliefert und wechselte 1966 nach Sylt. Nach der Stilllegung der Juister Inselbahn ging die Reise weiter, und so verbrachte die Lok die Zeit von 1982 bis 2010 in der Schweiz. Heute ist sie bei der Museumsbahn „Chemin de Fer de la Baie de Somme" in Frankreich zu finden (September 1974).

Eine ganz neue Richtung bei der Fahrzeugbeschaffung schlug die Reederei noch im November 1958 ein, als sie ihren ersten Triebwagen kaufte. Die Eckernförder Kreisbahnen gaben zu diesem Zeitpunkt einen der gerade erst acht Jahre alten Talbot-Triebwagen[16] der Bauart „Schleswig" ab, der mit 110 PS leistungsmäßig „Heinrich" in nichts nachstand. Mit ihm konnte die Inselbahn nun ebenfalls die Personenzüge bespannen, erhöhte aber gleichzeitig noch die Sitzplatzanzahl. Der Wagen bewährte sich so gut, dass im Jahre 1959 und 1961 nahezu baugleiche Talbot-Wagen von der Euskirchener und Geilenkirchener Kreisbahn übernommen wurden. Für die Triebwagen vergab die Inselbahn nun keine Namen mehr, vielmehr wurden die Fahrzeuge in der Reihenfolge ihres Eintreffens auf Juist von T 1 bis T 3 durchnummeriert. Die grau-blaue Farbe des Eckernförder Wagens gefiel den Verantwortlichen der Reederei so gut, dass sie für alle Triebwagen übernommen wurde.

1962 erwarb die Reederei den T 4 von der Kreis Altenaer Eisenbahn, der eine etwas modernere Version der Talbot-Triebwagen darstellte. Von der gerade stillgelegten Sylter Inselbahn kamen 1971 der T 5 und ein weiterer Talbot-Wagen, der aber nur noch als antriebsloser Beiwagen fungierte. Damit waren sechs der insgesamt acht gebauten Wagen der Talbot-Bauarten „Eifel" und „Schleswig" auf Juist versammelt. Mit den Triebwagen konnte die Inselbahn den Wendezugbetrieb einführen. Das Umsetzen der Lok wurde überflüssig, denn an jedem Zugende stand nun ein Triebwagen, der jeweils in die führende Richtung zog. Zudem durften die bislang ausschließlich lokgebremsten Züge nun durch dank eines zweiten gebremsten Fahrzeugs verlängert werden.

In der Werkstatt der Reederei wurden die vierachsigen Personenwagen der Bahn in den 1960er-Jahren nach und nach mit neuen Wagenkästen verse-

JUIST

hen, die an die Triebwagen angelehnt waren. Die Werkstatt legte dabei ein gewisses Improvisationstalent an den Tag, und so glich später kein Umbauwagen dem anderen.

Die Stangenlok „Heinrich" wurde 1971 nach Wangerooge abgegeben. Grund hierfür war, dass von Sylt eine Deutz-Lok mit Duplex-Kettenantrieb nach Juist kam, die danach den Namen „Heinrich" übernahm. Schon seit 1966 hatte sich auf Juist eine fast baugleiche Lok, die die Inselbahn von den Herforder Kleinbahnen übernahm und die wieder den Namen „Carl" trug, bewährt. Während die Triebwagen mit ihrem komplizierten Mylius-Getriebe[17] bei Hochwasser besser in der Wagenhalle blieben, konnten die Dieselloks mit dem höherliegenden Getriebe noch zu einem gewissen Maß auf der bereits überschwemmten Strecke eingesetzt werden.

Ende der 1970er-Jahre fielen die Würfel gegen die Zukunft der Bahn: Zu diesem Zeitpunkt musste der Wagenpark wegen des rauen Seeklimas dringend erneuert werden, außerdem verschlang die Unterhaltung der Pfahljochstrecke horrende Summen. 1979 beschloss man auf Juist, entsprechende Fördermittel des Landes für einen Hafenneubau in Ortsnähe abzurufen, damit auf die Inselbahn verzichtet werden konnte. Am 24. März 1982 fuhr der letzte planmäßige Zug. Das Rollmaterial der Bahn konnte größtenteils verkauft werden, und so kann uns auch heute noch im Harz (T 4), im Sauerland (T 1) und sogar an der Somme-Mündung in Frankreich (Lok Heinrich II) das eine oder andere Fahrzeug der Juister Inselbahn begegnen. Die Diesellok „Carl" blieb als Denkmal am Bahnhof erhalten, ist aber seit mehreren Jahren in der „Schwarzen Bude" zur Aufarbeitung hinterstellt. Auch das Bahnhofsgebäude existiert heute noch und wird von einer Bank genutzt.

Für Triebwagenfans war Juist ein kleines Paradies – links eine Aufnahme vom solo fahrenden T 5, den Juist 1971 von der stillgelegten Sylter Inselbahn übernahm. Unten rechts steht er gemeinsam mit T 2 am Anleger. Er wurde 1984 verschrottet (Mai 1979). Oben rechts eine Aufnahme des Wagenkastens 18, der nach der Stilllegung der Juister Inselbahn als Lagerschuppen am Flughafen von Norderney noch eine sinnvolle Aufgabe erfüllte (Februar 2005).

Gepäcktransport auf 600 mm: Baltrum

Die Inselbahn auf Baltrum ist selbst Kleinbahnkennern mitunter gar nicht bekannt: Die nichtöffentliche Bahn auf 600-mm-Gleisen existierte nur bis 1985 und diente neben dem Küstenschutz nur dem Gepäck- und Frachttransport zur Überbrückung einiger 100 Meter zwischen Anleger und dem Güterschuppen.

Bei der Ankunft auf der Insel Baltrum wurden die Reisenden zunächst mit einigen Gepäckloren begrüßt, auf denen die Fracht vom Schiff weitertransportiert wurde.

Baltrum ist die kleinste bewohnte ostfriesische Insel. Die Insel hat nur eine Größe von rund 6,5 Quadratkilometern und rund 550 dort ständig lebende Einwohner. Die Wege sind kurz, aber trotzdem besaß auch Baltrum bereits eine eigene Inselbahn – diese aber „nur" als nichtöffentliche Transportbahn in der Feldbahnspurweite 600 mm und nur bis 1985.

Erst 1876 wurde Baltrum ein Seebad, viele Fehler des Massentourismus der Nachbarinseln konnte man hier vermeiden. Kein Wunder also, dass hier, wo jedes Ziel bequem zu Fuß erreicht werden kann, niemals der Autoverkehr Einzug gehalten hat. Wenn die Schiffe an der 1949 gebauten Landungsbrücke in Ufernähe festmachen, haben Insulaner und Touristen nur wenige Minuten Fußmarsch vor sich, bis sie ihr Ziel erreicht haben.

Schon Ende des 19. Jahrhunderts soll es ein Materialgleis gegeben haben, das von der Reede im Wattenmeer aus auf die Westseite der Insel führte, um Steine und Befestigungsmaterial für den Buhnenbau zu transportieren. Als die ersten Hotels entstanden, soll es einen Abzweig quer durch das Westdorf gegeben haben, um Zement und Baustoffe anzuliefern. Mit dem Neubau einer Landungsbrücke in den 1920er-Jahren auf der Höhe des heutigen Anlegers wurde das vermutlich schon damals 600-mm-spurige Gleis im Wattbereich aufgegeben und auf die neue Brücke verlegt. Am anderen Endpunkt im Westen befand sich der Schirrhof der Strombauverwaltung (das spätere Wasser- und Schiffahrtsamt), wo auch ein Lokschuppen stand. 1949 wurde für dieses rund 600 Meter

lange Baugleis eine fabrikneue Schöma-Diesellok mit einer Leistung von 16 PS beschafft. Die Gleise wurden „fliegend" entlang der Nordseite Baltrums gelegt, um die Baustellen schnell zu erreichen. Vor allem die zahlreichen Reparaturen aufgrund der großen Februarsflut[18] von 1962 konnten mit der Materialbahn abgewickelt werden. Während der Herbststürme 1973 soll das WSA-Gleis stark beschädigt worden sein, sodass es daraufhin aufgegeben wurde. Das Material wurde abgebaut und an das Festland gebracht.

Doch schon 1960 hatte sich ein zweites Einsatzgebiet für die Transportbahn etabliert. Zu diesem Zeitpunkt wurde der Anlegerbereich zu einem kleinen Hafen ausgebaut. Um die beengten Platzverhältnisse zu entzerren, fand die Gepäck- und Frachtverladung und -ausgabe in einem neuen und hochwassersicher gelegenen Güterschuppen statt, der sich rund 300 Meter nördlich befand. Hierfür verlegte die Reederei Baltrum-Linie ein neues Feldbahngleis, das vom Anleger aus nach rund 450 Metern Fahrt in einem Bogen den

In einem eleganten Bogen führte die kurze Strecke der 600-mm-spurigen Baltrumer Bahn zu dem Güterschuppen, der ganz links im Bild zu sehen ist.

GEPÄCKTRANSPORT AUF 600 MM

Geradezu spielzeugartig wirkte die Baltrumer Bahn, wo nur eine Feldbahnlok von Schöma für den Frachttransport zum wenige Hundert Meter entfernten Schuppen zuständig war. Die Bahn besaß nur den Status einer nichtöffentlichen Transportbahn und befand sich im Eigentum der Reederei Baltrum-Linie.

Güterschuppen erreichte. Auf dem Anleger verlegte man drei Gleise, bei der Verlängerung und dem Umbau des Anlegers 1970 kamen noch zwei weitere hinzu. 1960 beschaffte die Baltrum-Linie für diese Einsätze eine kleine Schöma[19]-Feldbahnlok, der 1965 eine etwas größere nachfolgte. Für die eigentlichen Transportaufgaben standen mehrere Gepäckloren im Einsatz.

Direkt am Anleger befand sich der Gleisanschluss einer Spedition, auf der z. B. Baustoffe und Pferdefutter oder Getränkekisten auf Pferdefuhrwerke umgeschlagen wurden.

Die Baltrumer Bahn existierte in dieser Form nur gut 25 Jahre. Im Herbst 1985 wurde der Betrieb eingestellt und die Lok daraufhin an ein Torfwerk verkauft. Der einst kleine Anleger ist heute zu einer großen und stark erweiterten Hafenanlage geworden. Der Güterschuppen ist heute zu einem „Nationalparkhaus" und der „Inselkammer" umgebaut worden. Von der Bahn gibt es heute kaum noch Reste.

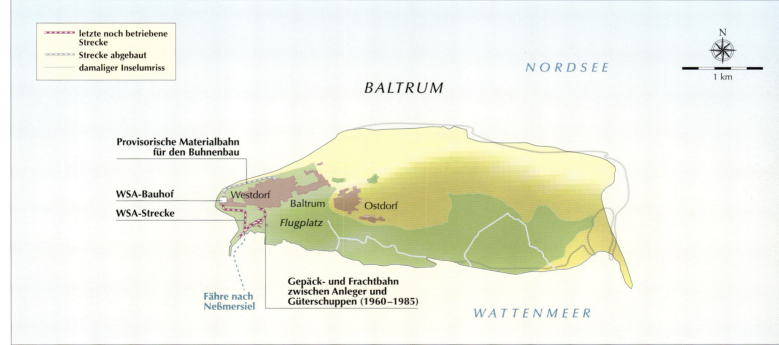

GEPÄCKTRANSPORT AUF 600 MM

Vor dem Güterschuppen befand sich neben einem Umfahrgleis auch ein Bockkran für schwere Güter (1973).

Die Materialbahn ging aus einer Küstenschutzbahn hervor, die ebenfalls heute nicht mehr existiert. Auf dem Bauhof des Niedersächsischen Landesbetriebs steht aber noch der kleine Lokschuppen, in dem die Lok untergebracht war.

BALTRUM

Die größere Schöma-Lok der Baltrumer Bahn, die wir hier sehen, wurde im Dezember 1965 ausgeliefert, besaß einen 26-PS-Motor, wog 4 Tonnen und konnte 12,5 km/h erreichen. Im Humuswerk Gnarrenburg ist diese Lok auch heute noch aktiv.

Gemeindeeigener Zug zum Schiff: Langeoog

Langeoog ist autofrei, auch heute noch wird jeder Fahrgast mit dem zuckelnden Bähnchen zum Inselort gebracht. Seit 1995 fahren moderne Wendezüge auf der Strecke, Güterverkehr gibt es seit 2009 nicht mehr. Und dennoch hat auch die Langeooger Bahn noch eine Menge Flair.

Östlich von Baltrum treffen wir auf Langeoog, eine mit knapp 20 Quadratkilometern Landmasse deutlich größere Insel als Baltrum und Juist. Die Insel ist rund 5 km vom Festland entfernt. Knapp 1700 Personen wohnen hier dauerhaft. Der eigentliche Ort befindet sich auf der Nordwestseite der Insel. Wie auch bei den anderen ostfriesischen Inseln liegt der Anleger für die Fährschiffe auf der geschützten Wattseite, allerdings in rund 3 km Entfernung. Hier verläuft die 1000-mm-spurige Strecke der Langeooger Inselbahn, über die der gesamte Personenverkehr der autofreien Insel abgewickelt wird, durch einige Heidewiesen und Felder.

Langeoog ist nach umfangreichen Baggerarbeiten seit 1976 tidefrei und besitzt einen vergleichsweise sehr dichten Fährfahrplan mit bis zu acht täglichen Fahrten hin und zurück, der natürlich auch für entsprechenden Betrieb auf der Schiene sorgt. Sowohl Bahn als auch Schiffslinie werden seit 1927 in Eigenregie von der Inselgemeinde betrieben, und so wirkt auch die Organisation des Verkehrs wie aus einer Hand. Die Fähren fahren festlandseitig den Hafen von Bensersiel an: Von 1909 bis 1967 gab es hier sogar Bahnanschluss mit der meterspurigen Kleinbahn Leer–Aurich–Wittmund (LAW).

Wer sich auf die knapp 40-minütige Überfahrt macht, dem begegnet – ähnlich wie auf Borkum – die Inselbahn direkt am hafenartig ausgebauten Anleger beim Festmachen des Schiffs. Auch hier stehen bunt lackierte moderne Zuggarnituren des Baujahres 1994 bereit, an deren Ende jeweils eine rote Schöma[20]-Diesellok brummt. Auch auf Langeoog wird im „Wendezug"-Prinzip gefahren, allerdings sind hier über eine Vielfachsteuerung tatsächlich

Fabrikschild der 1937 gebauten Kö 2 für Langeoog. Das kleine Maschinchen steht heute als Denkmal in einem kleinen Park direkt am Inselbahnhof (Mai 2005).

beide Loks gleichgeschaltet im Einsatz. Jeweils eine der beiden Maschinen ist auch für die elektrische Energieversorgung zuständig. Die Wagen wurden vom Bremer Waggonbau konstruiert, erreichten die Insel aber nur als „Bausatz" – noch während der Herstellung ging die Firma in den Konkurs, sodass die Endfertigung in der Langeooger Werkstatt erfolgen musste. Wie auch auf Borkum wurden die Wagen an historische Vorbilder angelehnt und erhielten Holzbänke. Ansonsten sind sie auf dem aktuellen technischen Stand und besitzen sogar eine Türschließautomatik. Nach nur rund zehn Minuten ist bereits das Inseldorf erreicht, wo die Fahrt der Bahn an einem Prellbock endet. Direkt am Bahnhof hat die Inselbahn einen großen sechsgleisigen Betriebshof, der 1991 erneuert worden war und neben einer Wagen- und Waschhalle auch eine Werkstatt und einen Lackierstand beherbergt.

In der Gunst der Erholungssuchenden hinkte Langeoog zum Ende des 19. Jahrhunderts gewaltig hinter der Konkurrenz der Nachbarinseln hinterher. Obwohl das Seebad bereits seit 1831 existierte, verirrten sich wegen der auch hier schwierigen Überfahrt und der fehlenden Infrastruktur nur wenige Besucher auf die Insel. Ein Gutachten zog 1880 ein vernichtendes Urteil über die hygienischen Zustände und die „Gleichgültigkeit" der Insulaner, was naturgemäß nicht ohne Widerspruch blieb. Die Zustände änderten sich bald, als im Herbst 1884 das evangelische Kloster Loccum[21] den Entschluss fasste, auf Langeoog ein Hospiz zu erbauen, und daraufhin auch die Seebadeanstalt übernahm – damit bot sich eine neue Perspektive für die in armen Verhältnissen lebenden Insulaner. Bereits 1888 nahm die Dampfschiffsreederei Esens-Langeoog ihren Schiffsverkehr nach Langeoog auf. Doch je größer die Schiffe wurden, desto größer waren natürlich

„Bunt" – so könnte man das Erscheinungsbild der Langeooger Inselbahn zusammenfassen. Ähnlich wie auf Borkum setzte man 1994 auf Neubaufahrzeuge, die dem Erscheinungsbild historischer Züge nacheifern. Mit je einer Lok an jedem Zugende sparen sich die Inselbahner das Umsetzen beim Fahrtrichtungswechsel (Januar 2007).

GEMEINDEEIGENER ZUG ZUM SCHIFF

Die Anfänge der Langeooger Inselbahn als Pferdebahn: An einer eigenen Pferdebahnbrücke konnten die Reisenden vom Schiff auf die Pferdebahnwagen umsteigen. Oben ein Blick von der Hauptstraße in die heutige Barkhausenstraße, in der die Wagen Richtung Hospiz abbogen. Es ging schon damals recht eng zu.

Erst 1937 wurde auf Langeoog der Pferdebahnbetrieb durch eine „Motorbahn" ersetzt. Oben erreicht die von Schöma gebaute Kö 3 Anfang der 1950er-Jahre den neuen Bahnhof am Anleger. Links sehen wir eine Aufnahme der Kö 1 von 1937 mit einem soeben eingetroffenen Zug vor dem neu erbauten Bahnhofsgebäude, das auch heute noch diese Funktion erfüllt.

GEMEINDEEIGENER ZUG ZUM SCHIFF

Seit 1956 gibt es eine „neue" Kö 1 auf Langeoog, die 1999 eine umfangreiche Modernisierung über sich ergehen lassen musste. Hier steht sie mit einigen Güterwagen neben dem zwölf Jahre jüngeren Fährschiff „Langeoog I", das heute in erster Linie noch für Ausflugsfahrten verwendet wird. Der Güterverkehr wurde 2009 auf Langeoogs Straßen verlegt (Januar 2007).

auch hier die Probleme, nahe an die Insel heranzufahren und auf die Wattwagen umzusteigen. 1892 baute die Reederei eine 150 m lange Landungsbrücke im Watt, die rund 800 m vom Ufer entfernt stand. Wegen der Versandung der Fahrrinne wurde die Brücke mehrmals verlängert und bot auch sonst nur eine geringfügige Verbesserung der Zustände. Während auf Borkum, Juist, Spiekeroog und Wangerooge bereits die ersten Inselbahnen für spürbare Verbesserung der Verkehrssituation sorgten, erlebte Langeoog den Übergang ins 20. Jahrhundert mit weitgehend ungelösten Verkehrsproblemen.

Die Reederei gründete daraufhin die Langeooger Pferdebahn OHG und ließ im Frühjahr 1901 eine insgesamt 3,62 km lange 1000-mm-spurige Strecke bauen, die ihren Ausgangspunkt am Nordende der Landungsbrücke hatte. Die Gleise wurden direkt auf den Wattboden gelegt und verliefen dann nahezu geradlinig bis zum Ortseingang (ungefähr in der Lage der heutigen Flughafenstraße), über die Hauptstraße in das Dorf hinein und bogen dann in einer scharfen Rechtskurve nordöstlich in die Hospizstraße (heute: Barkhausenstraße) ab, um auf Höhe des Hospizes am Nordostrand des Dorfes an einem Schuppen mit Werkstatt zu enden. Vier Personenwägelchen standen dafür zur Verfügung, ein geschlossener Güterwagen und drei Loren.

Nicht nur dem guten Ruf des Hospizes war es zu verdanken, dass sich der Fremdenverkehr auf Langeoog schon kurz darauf deutlich verbesserte. Aber die Gemeinde schaute in den folgenden Jahren auch sorgenvoll auf die Konkurrenz durch die anderen Inseln und war unzufrieden mit den Fahrpreisen und Frachtsätzen, die die Reederei für die Beförderung verlangte. Sie wünschte sich zudem eine Öffnung des Fährverkehrs auch zu anderen Festlandshäfen. Im Ja-

LANGEOOG

nuar 1927 kaufte die Gemeinde der Reederei nach einigen Verhandlungen den gesamten Betrieb ab: 14 Pferde, die Pferdebahn mit allen Anlagen, die Landungsbrücke auf der Insel sowie zwei Schiffe. Die „Schiffahrt der Inselgemeinde Langeoog" nahm damit Fahrt auf und investierte in ein neues Schiff. Gleichzeitig liefen Planungen für einen Neubau des Anlegers und einer Umstellung des Pferdebahnbetriebs auf eine „Motorbahn", doch mussten diese zurückgestellt werden: Die Kassen der Gemeinde waren klamm, nachdem sie auch noch das Seebad dem Kloster Loccum abgekauft hatte und zwei aus Emden übernommene antriebslose Straßenbahnwagen den Fuhrpark bereicherten.

1931 wurde der Polderdeich am südlichen Ortsrand gebaut, bei dem die Gleise der Pferdebahn über die Deichkrone gelegt wurden. Der Anstieg war bei voller Last zu viel für viele Pferde, sodass die Fahrgäste aussteigen mussten. Als der Anleger im Oktober 1936 durch Eisgang zerstört wurde, bestand nun endgültig Handlungsbedarf: Zwischen März und Mai 1937 wurde ein komplett neuer Anleger an gleicher Stelle gebaut. Parallel dazu betrieb die Gemeinde den Neubau der Strecke zum bestehenden Gleis einige Meter weiter westlich, um nun ernst zu machen mit dem Projekt Motorbahn. Das neue Gleis führte nun durch ein Deichschart, im Wattbereich wurde es auf Pfahljochen aufgeständert und

Das Hospiz des Klosters Loccum war die Keimzelle für den Aufstieg Langeoogs als Nordseebad. Die Pferdebahn führte ab 1901 bis vor die Türen des Hauses (Mai 2005).

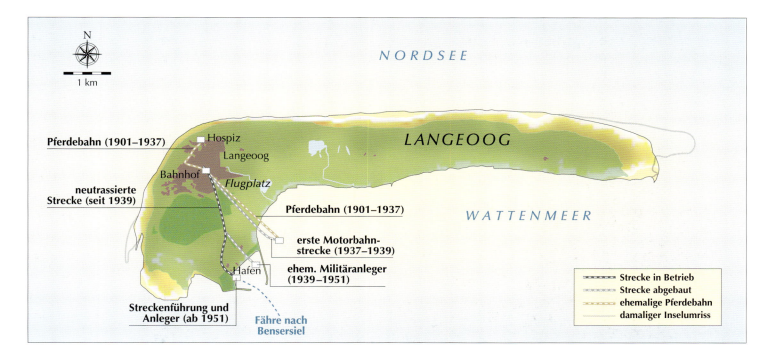

GEMEINDEEIGENER ZUG ZUM SCHIFF

Zwischen 1961 und 1994 wurde der Zugbetrieb in erster Linie mit Triebwagenzügen abgewickelt. Hierfür besaß die Langeooger Inselbahn drei Talbot- und einen Fuchs-Triebwagen sowie mehrere Beiwagen. Oben erreicht einer der bunten Züge mit dem führenden VT 1 den Hafenbereich (Juni 1972). Rechts sehen wir eine typische Zugankunft am Bahnhof (Oktober 2000).

bis zum Brückenkopf geführt. Mit Blick auf Juist, wo die Bahn gute Erfahrung mit Motorloks gemacht hatte, beschaffte die Gemeinde bei Deutz[22] zwei kleine Dieselloks mit den ungewöhnlichen Bezeichnungen Kö 1 und Kö 2[23]. Über Vermittlung des Klosters Loccum konnten von der Steinhuder Meer-Bahn „echte" Eisenbahnwagen gebraucht erworben werden. Am 16. Juli 1937 nahm die Bahn ihren Betrieb auf. Die Strecke war nun aber auf 2,3 km Länge verkürzt, da die bisherige Ortsdurchfahrt für die Eisenbahn große technische Anpassungen erfordert hätte und auch nicht mehr gewünscht war. Neuer Endpunkt war der südliche Ortsrand, wo sich auch heute noch der Bahnhof befindet.

Kaum fuhr die neue Motorbahn, brach der Zweite Weltkrieg aus: Südlich des Ortes begann die Marine mit der Aufspülung eines großen Geländes zwischen den Dünen und dem Anleger. Hier entstand ein Militärflugplatz, direkt südlich ein großer Hafen mit zwei massiven Molen, die in das Watt hineingebaut wurden. Innerhalb des Hafens baute die Marine 1939 eine eigene Lösch- und Transportbrücke, auch hierhin führte ein Gleis. Dafür baute sie einen eigenen Damm, der vom Ort aus bis in den Hafen hineinführte – die heutige Hafenstraße. Das Gleis der Inselbahn wurde hier in Seitenlage auf dem Damm verlegt und reichte über eine eigene Pfahljochstrecke bis auf den Hafenanleger. 1941 trat die Gemeinde ihren noch neuen Anleger an die Luftwaffe ab und fuhr nun den deutlich geschützteren Marineanleger im Hafen an.

Die beiden Dieselloks, von denen meist eine reparaturbedürftig abgestellt war, waren mit den Räumarbeiten während und nach dem Krieg völlig überfordert. 1948 sah sich Schöma in Diepholz in der Lage, eine deutlich leistungsfähigere Diesellok mit 80 PS zu bauen, die schließlich Ende 1949 als Kö 3 geliefert

LANGEOOG

wurde. Doch nun drohten neue Sorgen: Der Marineanleger, der nun ganz der Gemeinde gehörte, musste wegen Bohrwurmbefalls[24] aufgegeben werden.

Erneut musste ein neuer Anleger her, und für diesen wurde rund 400 Meter südwestlich ein neuer Standort ausgemacht. Angelehnt an die Nordwestecke des Hafens, entstand nun eine zunächst 70 Meter lange Brücke, auf die das Inselbahngleis über einen rund 60 Meter langen Steindamm geführt wurde. Doch dafür musste die Streckenführung ab der Höhe des Bahnübergangs am Golfcafé geändert und in einem weiten Bogen über 1200 m Länge neu trassiert werden. Kurz vor der Steindammstrecke wurde ein neues Deichschart im Zuge des nun entstandenen Westdeichs erbaut. Mit dieser Änderung hat das Streckennetz auf Langeoog seine heutige Form erhalten.

1956 wurde die bisherige Kö 1 gegen eine fabrikneue Lok mit gleicher Bezeichnung bei Schöma[25] in Zahlung gegeben. Als weiteren Neuzugang erwarb die Bahn 1981 eine weitere Lok, die Kö 4, von der stillgelegten Spiekerooger Inselbahn.

Schon 1961 machten die Langeooger erste Erfahrungen mit Triebwagen: In diesem Jahr wurde ein Talbot-Triebwagen in Betrieb genommen, wie er auch schon auf Juist im Einsatz stand. Ihm folgte 1966 ein zweiter. Ein weiterer Fuchs-Triebwagen konnte 1976 von der Württembergischen Eisenbahngesellschaft übernommen werden, 1982 gelangte schließlich der vierte Wagen von der stillgelegten Inselbahn Juist nach Langeoog. Das typische Bild der Langeooger Inselbahnzüge prägte sich: Mit jeweils einem Triebwagen an jedem Zugende und vielen dazwischen eingestellten Personen- und Beiwagen bestritt die Bahn weitgehend ihren Personenverkehr.

Von Schöma gelangte 1973 auch eine größere Motordraisine nach Langeoog, die aber 1994 abgestellt wurde und deren Aufbauten noch einige Jahre im Bensersieler Hafen als Baubude diente. Mit der Umstellung auf den eingangs erwähnten lokbespannten Wendezugverkehr im Jahr 1995 wurden die Triebwagen allesamt verkauft und laufen heute bei den Harzer Schmalspurbahnen und Museumsbahnen. Für die

Es ist Nacht geworden: Letzte Fahrgäste hat der Kurzzug mit den 1994/95 in Dienst gestellten Schöma-Loks 1 und 4 zum Anleger gebracht (Oktober 2000).

GEMEINDEEIGENER ZUG ZUM SCHIFF

LANGEOOG

Personenzüge wurden 1994 insgesamt fünf moderne Schöma-Loks beschafft, von denen immer eine im Lokschuppen in Reserve steht. Neben einem langen „Hauptzug" besteht die zweite Garnitur nur aus vier Wagen. Für den Güterverkehr hielt die Bahn zwei deutlich ältere, aber erst in jüngster Zeit von Schöma generalüberholte und modernisierte Loks (Kö 1 [2. Besetzung] und Kö 4) vor. In diesem Bereich wird das auch auf den meisten anderen Inselbahnen übliche Kupplungssystem mit Mittelpuffer und einfacher Triangelhakenkupplung verwendet. Kö 2 erinnert heute noch in einem kleinen Park am Bahnhof an die ersten Jahre der Motorbahn. Kö 3 wurde 1995 an die österreichische Achenseebahn verkauft.

Die Langeooger Inselbahn hat in den vergangenen 20 Jahren sehr viel Geld in den Ausbau ihrer Strecke, des Inselbahnhofs, der Fahrzeuge und des Anlegers gesteckt. Sie zeigt sich heute als ein komplett durchrationalisierter und effektiver Betrieb. Die Gleis- und Bahnhofsanlagen wirken ausgesprochen gepflegt und aufgeräumt, nachts verschwindet das wertvolle Fahrzeugmaterial in sanierten Fahrzeughallen und ist vor der Witterung sicher. Der Bahnhofsbereich ist perfekt ins Ortsbild integriert, und man merkt deutlich, dass auf Langeoog der Schiffsbetrieb und die Inselbahn unter der gemeinsamen Regie der Inselgemeinde stehen.

Der Güterverkehr auf Langeoog endete 2009: Die Bahn stellte ihren Frachtverkehr auf Roll-on-Roll-off-Wagen um, die mit Elektrokarren auf der Straße zwischen Hafen und Inselort gezogen werden. Auf diese Weise konnte der Frachtumschlag am Hafen entfallen und die Wirtschaftlichkeit der Bahn deutlich erhöht werden. Die Gleise wurden am Anleger zugunsten einer übersichtlicheren Gestaltung etwas zurückgebaut. Die historischen Güterwagen konnte die Inselbahn, bis auf wenige Ausnahmen, an mehrere Museumsbahnen verkaufen.

Eine kleine Diesellokparade am Langeooger Anleger: Während in der Mitte die 1956 gebaute Kö 1 schon immer auf Langeoog fuhr, kann die 1965 gebaute Kö 4 links auch eine 16-jährige Einsatzzeit auf der Nachbarinsel Spiekeroog in ihrem Betriebsbuch vorweisen. Rechts ist Lok 2 zu sehen, mit Baujahr 1994 die jüngste der drei Schöma-Loks. Mit der Einstellung des Güterverkehrs auf der Schiene wurde der hintere Bereich des Anlegers inzwischen umgestaltet (März 2009).

Der Triebwagenzug mit VT 2 an der Spitze hat den Bahnhof erreicht. An eine solche „Sandbettung" des Gleises ist heute nach aufwendiger Gleissanierung nicht mehr zu denken (Juni 1972).

Ähnlich wie auf Borkum existieren seit der Indienststellung der neuen Personenzüge mitsamt ihrer Loks zwei Kupplungssysteme auf Langeoog: Während Kö 1 und Kö 4 noch die klassischen Mittelpuffer mit Triangelkupplung haben, werden die Personenzüge mit Scharfenbergkupplungen verbunden. Oben rollt die Kö 1 mit einem Güterzug auf den Hafen zu (August 2000), links verlässt Lok 2 den Bahnhof (Mai 2005).

Eine ostfriesische Kleinbahnperle: Spiekeroog

Unter den Inselbahnen der Nordsee galt die Spiekerooger Bahn als eine echte Perle: schöne bunte Züge, ein einfacher und improvisationsreicher Betrieb und die Fahrt durch eine bezaubernde Watt- und Dünenlandschaft. Ob sich Spiekeroog mit der Einstellung der Bahn 1981 nach einem Hafenneubau einen Gefallen getan hat?

Der alte Inselbahnhof von Spiekeroog dient heute als Ausgangspunkt für Spiekeroogs Museumspferdebahn. Rechts befindet sich die neue „Garage" für den Pferdebahnwagen und das eigens verlegte neue Abstellgleis. (August 2003).

Spiekeroog ist mit etwas über 18 Quadratkilometern geringfügig kleiner als Langeoog, ist aber mit nur rund 750 hier ständig lebenden Einwohnern die am dünnsten besiedeltste ostfriesische Insel. Wer Ruhe sucht, ist hier am besten aufgehoben: Spiekeroog ist die einzige ostfriesische Insel ohne einen Flughafen, sie ist selbstverständlich autofrei, und sogar der Fahrradverkehr wird hier reglementiert. Die Insel ist nicht tidefrei, sodass auch hier die Fähre die 6 km lange Strecke über das Wattenmeer nur bei hohem Wasserstand zurücklegen kann. Aus diesem Grund kommen eher weniger Tagesreisende auf die „grüne Insel", wie Spiekeroog gerne wegen seiner ungewöhnlich großen Baumbestände genannt wird.

Die Spiekerooger Inselbahn ist leider bereits Vergangenheit, sie wurde als erste der ostfriesischen Inselbahnen am 31. Mai 1981 offiziell stillgelegt. Ähnlich wie auf Juist entschieden die Verantwortlichen 1979 den Bau eines neuen, ortsnahen Hafens, der die 3,5 km lange Inselbahn mitsamt einer Pfahljochstrecke im Watt überflüssig machte. Auch hier standen hohe Investitionen in Anlagen und Fahrzeuge bevor. Kleinbahnfreunde bedauern das bis heute sehr, denn von allen ostfriesischen Inselbahnen war die 1000-mm-spurige Bahn auf Spiekeroog die fotogenste. Gleich zwei Zwischenstationen lagen an der Bahn, die im Westen der Insel entlang eines Dünengürtels verlief und einen unvergleichlich gemütlichen Betrieb abspulte: Der „rote Zug" bestand dabei aus dem vierachsigen Triebwagen 5 (1933 von der Waggonfabrik Wismar gebaut) mitsamt dreier Personen- und einem Flachwagen für den Gepäcktransport. Bei hohem Verkehrsaufkommen kam auch der „grüne Zug" mit einer der beiden Schöma-Dieselloks 4 oder 6 zum Einsatz. Der Betrieb wirkte in vielerlei Hinsicht improvisiert und angenehm entspannt. Übrig blieb von der Inselbahn nur eine rund 1 km lange Teilstrecke vom Dorfbahnhof zum Westende der Insel, auf der heute in den Sommermonaten Deutschlands einzige Pferdemuseumsbahn zu sehen ist, welche die Erinnerung an die Bahn hochhält, die hier ihren Ausgang nahm.

Mit einer Pferdebahn begann 1885 das Zeitalter der Eisenbahn auf Spiekeroog. Natürlich gab es auch auf dieser Insel die bereits bestens bekannten Probleme mit den Strapazen, die den Erholungssuchenden bei der An- und Abreise erwarteten. Doch hier hatte die

EINE OSTFRIESISCHE KLEINBAHNPERLE

Zwei Aufnahmen aus der Anfangszeit der Pferdebahn:

Oben der Blick von der Düne an der Givtbude bzw. Herrenbadestrand auf die 1885 eröffnete Strecke und einen wendenden Pferdebahnwagen. Im Hintergrund liegt das Dorf.

Rechts eine Szene vom Umstieg an der hölzernen Landungsbrücke im Watt auf den Pferdebahnwagen. Auf Spiekeroog zog jeweils ein Pferd einen einzelnen Wagen.

SPIEKEROOG

Bahn nicht den Zweck, diese angenehmer zu gestalten; vielmehr lag das Hauptinteresse der Seebades an einer Schienenverbindung, die das Dorf mit dem großen Badestrand im Westen verband, damit die wenigen Badegäste nicht durch zu lange Fußwege abgeschreckt wurden. Die Verbesserung der Verkehrsverhältnisse nach Neuharlingersiel am Festland war dabei zunächst zweitrangig.

Die „Bad und Reederei Spiekeroog GmbH" nahm am 9. Juli 1885 eine 1660 Meter lange Strecke in Betrieb, die direkt vom Dorf aus – beginnend vor dem Haus Norderloog 10 – bis zum Westen zur dortigen Givtbude[26] verlief, wo sich der „Herrenbadestrand" befand. Im Ort wurde dafür eine kleine Wagen- und Pferderemise eingerichtet. Die kleinen Wägelchen der Bahn hielten auf ihrem Weg an fünf Haltestellen.

Wie auch auf Borkum und Wangerooge liefen zu diesem Zeitpunkt auf Spiekeroog bereits Befestigungsmaßnahmen für den Westkopf der Insel. Ein Bauunternehmer errichtete auch hier eine Transportbahn, die auf halbem Wege der Pferdebahnstrecke abzweigte (Abzweig bzw. Haltepunkt West) und in südliche Richtung bis in das Watt verlief. Auf Unterbau wurde weitgehend verzichtet, da dieses Gleis anfangs nur dem Materialtransport dienen sollte.

Das änderte sich 1891, als Spiekeroog einen Anleger im Wattenmeer erhielt. Das bestehende Materialgleis wurde nur um wenige 100 Meter verlängert und endete nun direkt an der hölzernen Landungsbrücke. An der Einfädelung zur Strandbahn entstand durch den Einbau zweier neuer Weichen ein Gleisdreieck, sodass die Pferdebahnen nun auch direkt vom Anleger zum Dorfbahnhof fahren konnten.

1892 schließlich ging die Inselbahn endgültig in Betrieb, nach Borkum die zweite auf den ostfriesischen Inseln. Durch das geringe Gewicht der kleinen zweiachsigen Pferdebahnwagen war eine Verbesserung des Unterbaus nicht notwendig. Am

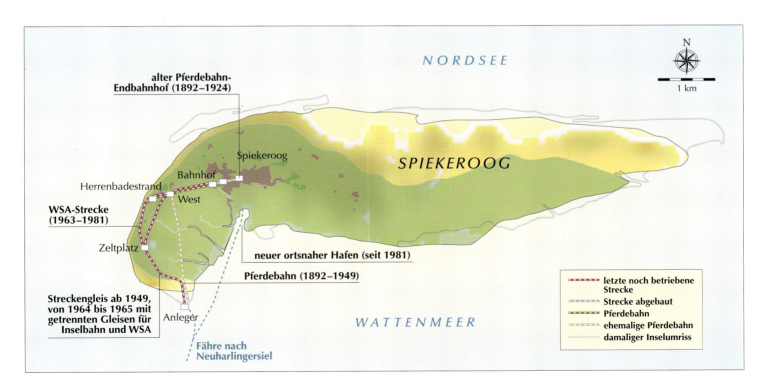

Um 1958 entstand diese herrliche Aufnahme des 1949 fertiggestellten Anlegers mit der Pfahljochstrecke und „echtem" Zugbetrieb. Lok 4 zieht hier eine abenteuerlich anmutende Zuggarnitur mit den Wagen 11, 15, 16 und 17 sowie einem Packwagen. Alle diese Zweiachser wurden zwischen 1898 und 1901 für verschiedene andere Bahnen gebaut und gebraucht erworben. Wagen 11 hinter der Lok war auch schon auf Langeoog als Pferdebahnwagen im Einsatz, Nr. 15 auf Juist.

EINE OSTFRIESISCHE KLEINBAHNPERLE

In den 1950er-Jahren konnten viele der Spiekerooger Wagen ihre Herkunft von Pferdebahnen nicht leugnen. Oben erreicht die Lok 2 mit den Wagen 12 und 13 den Anleger, der nur aus drei Stumpfgleisen bestand und keine Umfahrmöglichkeit bot (ungefähr 1950).
Rechts eine Szene vom alten Dorfbahnhof vor Günsels Hotel, aufgenommen Mitte der 1950er-Jahre. Erst 1958 bekam die Inselbahn ihren neuen Endbahnhof am Ortsrand, rund 400 Meter weiter westlich.

SPIEKEROOG

Wattufer blieb das Gleis einfach auf dem Boden liegen und wurde bei Hochwasser überschwemmt, doch über den Laufsteg des Anlegers konnten die Reisenden die Wagen zumeist trockenen Fußes erreichen.

Der bescheidene Betrieb verlief viele Jahre in dieser Form ohne große Änderungen. Im Jahre 1924 ging die Hälfte der Anteile der Betreibergesellschaft in private Hände, während der alte Pferdebahnendpunkt in der Dorfmitte aufgegeben und an den westlichen Ortseingang (ungefähr bei dem Haus Westerloog 1) vorverlegt wurde. Im Winter 1926 zerstörte Eisgang den hölzernen Anleger. Bis zur Saison 1927 hatten die Insulaner eine neue, deutlich massivere Brücke gebaut, die nun auch wintersicher war und somit einen ganzjährigen Betrieb ermöglichte. Kurz darauf wurde der Badebetrieb am Weststrand aufgegeben und in Dorfnähe verlegt. Die Fahrten in den Westen waren nun nicht mehr notwendig, das Gleis blieb aber liegen. Ab 1928 übernahm die Pferdebahn weitere Wagen von den Straßenbahnen in Werder und Stadthagen sowie von Langeoog.

Spiekeroog war kriegsstrategisch weitgehend unbedeutend. Nach 1945 konnten allerdings die abgebauten Militärgleise auf Wangerooge hier zur Erneuerung der Gleisanlagen verwendet werden. Der Anleger von 1927 wurde verstärkt und das bisher auf dem Wattboden liegende Gleis auf einer neuen Pfahljochstrecke auf die Brücke hinaufgeführt. Aus Gründen des Hochwasserschutzes erhielt ein Großteil der Bahn einen neuen Streckenverlauf, der in einem großzügigeren Bogen weiter westlich der bisherigen Strecke verlief und erst in Wattnähe wieder auf das alte Gleis traf. Die „alte" Streckenführung zwischen dem Abzweig West und dem Wattufer wurde aufgegeben und abgebaut. Und auch bei den Wagen änderte sich einiges, denn die Zeit der Pferdebahn – sie war längst die letzte Deutschlands – war nun auch auf Spiekeroog zu Ende. Am 30. Mai 1949 zogen das letzte Mal Pferde die Wagen zwischen Inselort und Anleger.

Am folgenden Tag wurde der Betrieb mit einer aus Wangerooger Militärbeständen übernommenen Lok und einer Draisine „verdieselt". Die recht große Draisine wurde stolz als „Triebwagen 1" bezeichnet. Neben ebenfalls übernommenen Güterwagen verwendeten die Spiekerooger die Pferdebahnwagen noch kurze Zeit weiter, auch wenn es zu einigen Problemen mit der Aufsichtsbehörde kam.

Die Spiekerooger Museumspferdebahn heute: Dank der ursprünglichen Initiative von Hans Roll rumpelt seit 1981 in den Sommermonaten wieder ein Pferdebahnwagen zwischen dem Ort und dem Westen der Insel. Der Wagen 21 ist allerdings kein originaler Pferdebahnwagen, sondern ein 1978 entstandener leichter Eigenbau (August 2003).

1963/64 erhielt Spiekeroog nur wenige Meter westlich des bisherigen Anlegers einen neuen, der für den Umschlag von Baumaterialen für den Inselschutz durch das WSA gebaut wurde. Kurz darauf fuhr hier auch die Inselbahn selbst und gab ihren Anleger von 1949 schrittweise wieder auf.

Im tiefstehenden Abendlicht erreicht der 1933 gebaute und 1963 nach Spiekeroog gekommene Triebwagen 5 den Anleger. Rechts der Anleger aus der Vogelperspektive (Mai 1980).

SPIEKEROOG

Zwischen 1958 und 1961 investierte die Inselbahn in einen neuen Bahnhof am westlichen Ortsrand, um den alten Endbahnhof aufgeben zu können. Es entstanden großzügige Gleisanlagen mit Güter- und Fahrzeugschuppen inklusive Werkstatt sowie ein stattliches Empfangsgebäude. Das Gleisbild wurde mehrfach verändert und präsentierte sich dem außenstehenden Betrachter über viele Jahre als ein kunterbuntes „Durcheinander".

Im Jahre 1960 hatten die „Beförderungsfälle" bereits die 50 000er-Marke überschritten. Bereits drei Jahre zuvor hatte die Inselbahn bei der Diepholzer Firma Schöma eine neue fabrikneue Diesellok bestellt und z. B. von der Kleinbahn Leer–Aurich–Wittmund mehrere Wagen übernommen. 1963 wurde auch das Wasser- und Schiffahrtsamt (WSA) aktiv und baute parallel zu dem bestehenden Anleger einen weiteren massiven mit einem eigenen Gleisanschluss. Auf

Nach der Eröffnung des ortsnahen Hafens 1981 hatte der Anleger ausgedient und blieb als Ruine im Watt stehen (Aufnahme im August 2003). Erst im Spätherbst 2009 wurden seine letzten Reste abgetragen.

EINE OSTFRIESISCHE KLEINBAHNPERLE

Fahrkarte aus dem Jahr 1974.

Hier ist Schluss! Die voll besetzte Pferdebahn erreicht den Endpunkt der Strecke im Westen – ungefähr dort, wo 1885 auch die ersten Gleise auf Spiekeroog endeten und die Inselbahn ihren Anfang nahm (aufgenommen im August 2003). 2007 übernahm Sabine Friedrichs die Touristenattraktion von Hans Roll, und heute zieht Molly, ein norwegisches Fjordpferd, die Wagen.

SPIEKEROOG

EINE OSTFRIESISCHE KLEINBAHNPERLE

Oben: Für die Strandspaziergänger war das ein gewohnter Anblick: T 5 bringt den „roten Zug" über die Pfahljochstrecke in die Dünen Richtung Inselort.

Rechts: Neben dem T 5 beschaffte die Spiekerooger Inselbahn auch zwei fabrikneue Schöma-Loks. Lok 4 (siehe Seite 80) wurde 1957 gebaut, besaß einen 80-PS-Motor und ein mechanisches Getriebe. Etwas moderner war Lok 6 von 1965, die neben einem 88-PS-Motor ein hydraulisches Getriebe hatte. Sie wurde 1981 nach Langeoog verkauft, wo sie noch heute als Kö 4 im Einsatz steht (siehe Seite 72).

Ganz rechts: Im T 5 konnten die Fahrgäste dem Wagenführer bequem über die Schultern schauen, wenn die Fuhre gemütlich mit 25 km/h über die Insel rumpelte.

einer eigenen Pfahljochstrecke und einem parallelen eigenen Gleiskörper konnte das WSA nach der verheerenden Februarsflut[27] von 1962 eigene Transporte zum Bauhof im Westen der Insel vornehmen, ohne den regulären Bahnverkehr zu stören. Ab dem Haltepunkt Zeltplatz lief die WSA-Strecke durch die Westdünen bis zum Bauhof und schloss dort an die noch vorhandenen Gleisreste der alten Strecke zum Weststrand an, sodass der Bauhof nun auch vom Inselbahnhof aus in beide Richtungen angefahren werden konnte.

Zwischenzeitlich erweiterte die Inselbahn ihren Fahrzeugpark um den 1963 von der Kleinbahn Emden–Pewsum–Greetsiel übernommenen vierachsigen Wismar-Triebwagen Nr. 5 und eine fabrikneue Schöma-Diesellok mit der Betriebsnummer 6, außerdem um zahlreiche Wagen von anderen stillgelegten Betrieben. 1965 und 1968 einigten sich die Inselbahn und das WSA darauf, ausschließlich den WSA-Anleger und das neuere WSA-Gleis bis zum Zeltplatz zu benutzen. Die alte Strecke von 1949 wurde teilweise abgebaut, die Pfahljochstrecke existierte aber noch lange Jahre später als Eisbarriere. Das WSA-Gleis zwischen Zeltplatz und dem Haltepunkt West konnte nie regen Verkehr vorweisen und wurde in den 1970er-Jahren nur noch selten genutzt.

Nach der Fertigstellung des neuen ortsnahen Hafens wurde die Inselbahn Spiekeroog am 29. Mai 1981 eingestellt. Bis 1982 herrschte noch auslaufender Güterverkehr, danach wurden 1984 und 1985 die Gleise

SPIEKEROOG

allmählich abgebaut – mit Ausnahme des Gleises zwischen Bahnhof und dem Haltepunkt „West". Ein Großteil der Fahrzeuge fand bei den benachbarten Inselbahnen auf Langeoog und Wangerooge eine neue Bleibe. Lok 4 blieb mit zwei Personen- und einem Güterwagen am Bahnhof als Denkmal stehen, bis sie in mittlerweile sehr unansehnlichem Zustand im November 2000 an den Deutschen Eisenbahn-Verein nach Bruchhausen-Vilsen abgegeben wurden. Möglicherweise kann man sie 2014 schon wieder im Einsatz erleben.

Seit 1981 verbleibt auf Spiekeroog nur die Pferde-Museumsbahn, die in den Sommermonaten auf dem verbliebenen, 1,3 km langen Abschnitt zwischen dem Dorf und dem Haltepunkt West als Erinnerung an die „alten Zeiten" pendelt. Anfänglich war dies eine Privatinitiative, doch heute führt der Museumsverein Spiekeroog die Fahrten mit dem offenen Sommerwagen 21 durch. Die Fahrt dauert rund zwölf Minuten.

Lok 6 und T 5 sind beide beim Deutschen Eisenbahn-Verein in Bruchhausen-Vilsen erhalten geblieben und stehen hier im August 2003 in (noch) bemitleidenswertem Zustand abgestellt. Mittlerweile ist die Restaurierung der Diesellok weit fortgeschritten, der Triebwagen wartet aber noch auf freie Kapazitäten in der Museumswerkstatt.

Gleisreste im Watt: Der alte Spiekerooger Anleger ist heute abgebaut, und auch die Pfahljochstrecke existiert inzwischen nicht mehr (August 2003).

EINE OSTFRIESISCHE KLEINBAHNPERLE

Unten: Bevor die Lok 6 zur Verfügung stand, übernahm der Triebwagen 5 als stärkstes Fahrzeug der Inselbahn die Güteraufgaben auch selbst (August 1964).

Ganz unten: Charakteristisch für die Inselbahn waren der grüne und der rote Zug, die manchmal aber auch gemischt zum Einsatz kamen. Im Vordergrund wartet T 5 auf seinen nächsten Einsatz (September 1974).

Rechts: Der Bahnhof von Spiekeroog hatte einen außergewöhnlichen und komprimierten Gleisplan. Vom umgebenden Deich konnte man dem Rangierbetrieb gut beobachten. Rechts sehen wir Lok 6, die einen Flachwagen auf das Gleis zur Güterhalle schiebt, wo ein Kran für den Umschlag zur Verfügung stand. Rechts im Bild ist gut der Lokschuppen mit der Werkstatt zu sehen (September 1974).

SPIEKEROOG

91

Die DB auf schmaler Spur: Wangerooge

Auf Wangerooge berühren sich Bahn und Natur wie auf keiner anderen Insel: Mitten durch das Überschwemmungsgebiet, die absolute Ruhezone des Naturparks Wattenmeer, rumpeln die DB-Züge. Die Meterspurbahn kann dabei sogar noch mit einer regelmäßig befahrenen Zweigstrecke aufwarten.

Wangeroogewar des Großherzogtum Oldenburgs ganzer Stolz – das machte auch das Empfangsgebäude der Inselbahn deutlich, das 1906 entstand. Für die Abstellung der Züge wurde 1907 auch eine zweiständige geschlossene Bahnhofshalle erbaut, die aber den Zweiten Weltkrieg nicht überstand.

Wangerooge gilt als die östlichste der Ostfriesischen Inseln, wobei die noch weiter östlich liegende Minsener Oog als künstliches „Strombauwerk" vor der Jademündung nicht hinzugezählt wird. Politisch gehörte Wangerooge allerdings – worauf heute noch viele Einwohner Wert legen – nicht zu Ostfriesland (und damit zu Preußen), sondern zum Großherzogtum Oldenburg. Mit einer Landmasse von gerade einmal knapp acht Quadratkilometern ist Wangerooge die zweitkleinste der bewohnten Inseln, hier leben heute rund 1270 Einwohner dauerhaft. Sie ist autofrei und nach wie vor tideabhängig, besitzt also auch einen täglich wechselnden Fahrplan. Die geringe Größe kann aber nicht darüber hinwegtäuschen, dass zwischen dem „Westanleger" der Insel und dem Ort einige Entfernung zu überbrücken ist. Wenn er nicht gleich die Insel mit dem Flugzeug ansteuert, ist der Inselurlauber auch heute noch auf die Inselbahn angewiesen, um den Ort zu erreichen: Ausgedehnte Salzwiesen und die absolute Ruhezone des Nationalparks Niedersächsisches Wattenmeer sorgen dafür, dass man zu Fuß oder mit dem Fahrrad einen beträchtlichen Umweg machen muss.

Die Fahrt mit der Inselbahn ist allerdings auch bereits ein ganz eigenes Erlebnis: Gemächlich fährt der Zug auf einem Damm durch das Überschwemmungsland, quert kleine Brückchen und brummt gemächlich durch das Brutgebiet von Tausenden Vögeln. Der massive Westturm in einiger Entfernung, das Wahrzeichen Wangerooges, wirkt wie ein gigantischer Fremdkörper in dieser menschenverlassenen Gegend. Von allen drei verbliebenen Inselbahnen auf den ostfriesischen Inseln hat Wangerooge die eindrucksvollste Streckenführung.

Mitten durch die Salzwiesen: 399 102 zieht einen Personenzug vom Anleger zurück zum Bahnhof Wangerooge (März 1993).

DIE DB AUF SCHMALER SPUR

Die Geschichte der Wangerooger Inselbahn begann 1897 mit einem kleinen Bahnhof in der späteren Zedeliusstraße, wo sich heute der Rosengarten befindet. Es gab nur ein Umfahrgleis und Platz für eine Lok und drei Wagen. Die Verhältnisse hier waren so beengt, dass es schon 1906 zum Neubau des heutigen Bahnhofs kam.

Wangerooges Inselbahn fährt ebenfalls auf 1000-mm-Gleisen, parallel zu den anderen beiden noch bestehenden Inselbahnen ist diese erst vor wenigen Jahren grundlegend erneuert und saniert worden. Deshalb hat sie zwar viel von ihrem Charme eingebüßt, denn vor allem in den 1980er-Jahren wirkte der Bahnhof Wangerooge wie der Betriebsmittelpunkt einer Museumseisenbahn. Dennoch ist der gemütliche Betrieb der Inselbahn auch heute noch unverändert einen Besuch wert! Dabei kommt die Diskussion, ob auch Wangerooge nach dem Beispiel von Juist und Spiekeroog einen ortsnahen Hafen erhalten sollte, allerdings immer wieder auf. Erst im November 2012 hat der Gemeinderat der Insel den Plänen zum Hafenneubau einen Riegel vorgeschoben. Von der stattdessen angedachten Modernisierung des An-

legers war allerdings auch Anfang 2014 noch nicht viel zu vermelden.

Eine Besonderheit der Wangerooger Inselbahn ist der Umstand, dass diese von der Deutschen Bahn AG bzw. ihrer Tochter DB Fernverkehr AG betrieben wird. Von Januar 2002 bis September 2013 gehörte die Schiffsverbindung und Inselbahn zum Tochterunternehmen DB Autozug, Niederlassung Harlesiel. Dass DB AutoZug ausgerechnet auf der autofreien Insel fuhr, war ein gerne kolportierter Spott. Die Inselbahn (und auch die Fährverbindung Harlesiel–Wangerooge) war schon immer in der Hand der Staatsbahn, das äußert sich auch an den Fahrzeugen, dem „Reisecenter" im Bahnhof und vielen anderen kleinen Details.

WANGEROOGE

Dem Großherzogtum Oldenburg war Ende des 20. Jahrhunderts sehr daran gelegen, Wangerooge nicht ins wirtschaftliche Abseits zu stellen und gegenüber den anderen Nordseebädern konkurrenzfähig zu bleiben. Die bereits bekannten Probleme bei der Erreichbarkeit galten genauso auch für diese Insel. Doch während auf den anderen Inseln vorrangig die wirtschaftlichen Interessen der Reedereien die treibende Kraft beim Bau der Inselbahnen waren, hatte diese Angelegenheit im Großherzogtum auch besondere politische Priorität. Die Oldenburger waren stolz auf „ihre" Insel, und so wundert es nicht, dass die oldenburgische Staatsbahn, die Großherzoglich Oldenburgische Eisenbahn (G.O.E.), selbst die Bahn betrieb. Es sollte allerdings noch bis 1895 dauern, dass der G.O.E.-Präsident von Mühlenfels auf den Wangerooger Gemeindevorsteher zutrat und mit ihm die Idee zur Errichtung einer stationären Anlegebrücke und einer Inselbahn für den Transport zum Inseldorf diskutierte. Die Wangerooger waren begeistert.

Am 1. März 1897 erhielt der Gemeindevorsteher dann die ersehnte Nachricht: Oldenburg wurde in den Planungen zum „Projekt eines Schienengleises zur Beförderung der Curgäste" konkreter. Am 20. März konnten aufgrund einer Ministerialverfügung die Vorarbeiten durch die Großherzogliche Eisenbahnbaudirektion anlaufen. Innerhalb von nur dreieinhalb Monaten ent-

Der neue Bahnhof zur Zeit des Ersten Weltkriegs, aufgenommen mit Blick auf den 1856 erbauten Leuchtturm und die Nikolaikirche von 1910. Das Vieh kehrt zurück in den Ort und muss die Gleise queren.

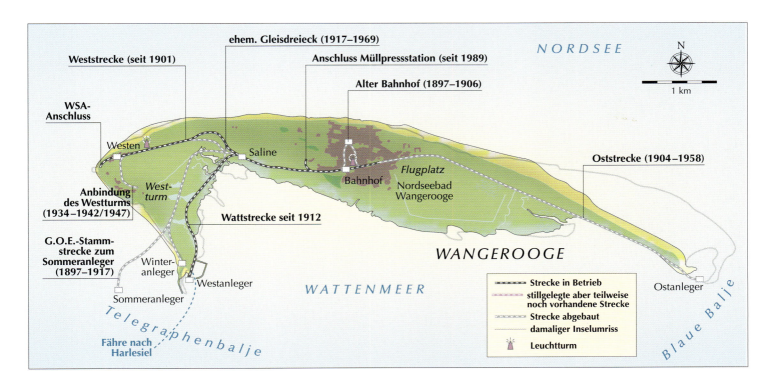

DIE DB AUF SCHMALER SPUR

Ein Bild vom Ostanleger, aufgenommen um 1930: Die 1913 von Hanomag gebaute Lok 99 023 hat Reisende zum Umstieg auf den Salondampfer "Stadt Rüstringen" der Jade Seebäderdienst AG gebracht. Das 1927 gebaute Schiff machte später traurige Schlagzeilen, als es am 27. Juni 1940 nur unweit dieser Stelle auf eine Mine lief und sank – sechs Menschen starben bei dem Unglück. Das Schiff konnte zwar wieder flottgemacht werden, wurde aber 1944 endgültig versenkt.

standen die Bahnanlagen in 1000 mm Spurweite, die Betriebseröffnung fand schließlich am 3. Juli 1897 statt. Obwohl anfangs auch ein Pferdebahnbetrieb angedacht war, setzte die G.O.E. von Beginn an auf den Einsatz von Dampfloks.

Als Standort für den neuen Anleger wurde eine Stelle im Watt an der Telegraphenbalje[28] ausgesucht, die weit im damaligen Watt südwestlich des Inseldorfes lag. Hierfür musste das Gleis über rund 2 km Strecke abwechselnd auf einem Steindamm und auf Pfahljochen aufgeständert werden und verlief zunächst in Richtung Norden, um dann auf der Höhe der Saline in Richtung Osten abzubiegen. Von der Südseite des Ortes bog die Bahn unterhalb des Leuchtturms in die Chaussee (die heutige Zedeliusstraße) ein, um in Höhe des heutigen Rosengartens ihren Endpunkt zu finden. Die gesamte Streckenlänge betrug 4,4 km. Der Anleger hatte allerdings den Nachteil, dass er völlig auf das Bäderpublikum zugeschnitten war, welches nur im Sommer anreiste. Auf Wunsch der Wangerooger wurde deshalb 1898 etwas weiter östlich ein zweiter Anleger gebaut, damit auch im Winter die Schiffe festmachen konnten. Dafür wurde ein eigener Streckenabzweig mit 600 m Länge gebaut. 1901 ließ die Marine schließlich von der Saline aus die heute noch bestehende 1,6 km lange Zweigstrecke zu den Deich- und Befestigungsbauten im Westen der Insel bauen, die die auf Wangerooge besonders extrem auftretende Ostwanderung der Insel aufhalten sollten.

In den folgenden Jahren stieg das Beförderungsaufkommen gewaltig: Auf Initiative des Norddeutschen

WANGEROOGE

Lloyds[29] wurde 1904 am weit entfernten Ostende der Insel eine weitere Landungsbrücke aufgebaut, die eine ganz neue Perspektive bot: Die Blaue Balje[30] war damals auch bei Niedrigwasser schiffbar, sodass Wangerooge tidefrei angelaufen werden konnte. Der Norddeutsche Lloyd konnte so Bäderschiffe zu täglich festen Zeiten anbieten, die entsprechende Fernzuganschlüsse in Bremerhaven und Wilhelmshaven erreichten. Das war für den Badetourismus ein enormer Pluspunkt. Die G.O.E. baute hierfür eine weitere Strecke, die von der Zedeliusstraße in Höhe des Leuchtturms Richtung Osten abzweigte und auf einer Länge von 5,4 km bis zum Ostende der Insel lief. Der Ostanleger wurde allerdings nur in den Sommermonaten bedient.

Der kleine Bahnhof mitten im Dorf war mit dem Verkehr zu zwei Anlegern hoffnungslos überfordert. Zu diesem Zeitpunkt standen schon drei Loks zur Verfügung, weitere Wagen mussten beschafft werden. Da keine Erweiterungsmöglichkeiten bestanden, musste der Bahnhof aus der Ortsmitte entfernt werden. Die G.O.E. baute daraufhin am Südrand des Ortes den heute noch vorhandenen Durchgangsbahnhof, der zum 1. Juni 1906 eingeweiht wurde. An das eigentliche Empfangsgebäude schloss sich westlich die Gepäckhalle an. Bis 1907 wurde auch eine große Bahnsteighalle mit 50 Metern Länge errichtet. Südlich des Bahnhofs wurde eine zweigleisige Wagenwerkstatt gebaut, die von Osten erreicht werden konnte. Die alten Bahnhofsanlagen in der Zedeliusstraße wurden kurz darauf aufgegeben, das Gleis verschwand aus der Hauptstraße. Lediglich das von Osten her einschwenkende Streckenstück blieb bis zum Leuchtturm liegen, da der Turm weiterhin auf der Schiene mit Kohlevorräten versorgt wurde. Am Ende des Jahres 1906 hatte das Streckennetz auf Wangerooge mit rund 12,4 km seinen zunächst größten Stand erreicht, die Bahnhofsgleise nicht mitgerechnet.

Der Erste Weltkrieg warf bereits seine Schatten voraus, als die Marine im Frühjahr 1912 mit dem Bau eines weiteren, nunmehr vierten Anlegers östlich des Winteranlegers begann. Zu diesem Anleger führte ein eigenes Gleis, das nahe des Abzweigs Saline durch das Watt gebaut wurde. Da Wangerooge dem Jadebusen und damit dem Wilhelmshavener Kriegshafen direkt vorgelagert war, bekam die Insel einen hohen

Wegen ständiger Versandungen musste der Ostanleger mehrfach verlegt werden und änderte deshalb viele Male sein Aussehen und seine genaue Lage.

DIE DB AUF SCHMALER SPUR

Eine Fahrt mit der Inselbahn, auf der Plattform hinter der Lok! Die Vorfreude ist dem Herrn ins Gesicht geschrieben (um 1960).

Bewegende Szenen am Wangerooger Bahnhof: Nach der Flutkatastrophe vom Februar 1962 werden die Soldaten des Munsterlagers in der Lüneburger Heide von den Insulanern verabschiedet.

strategischen Stellenwert. Während des Ersten Weltkriegs wurde der Sommeranleger von 1897 sehr schnell unbrauchbar, ihm folgte bald auch der Winteranleger. Da der Marineanleger bald der einzige wintersichere Schiffsanleger Wangerooges war, wurde ab Winter 1914/15 auch der zivile Verkehr über das Marinegleis und die „Kanonenbrücke" abgewickelt. Der Marineanleger und die dazugehörige Pfahljochstrecke wird bis heute noch von der Inselbahn befahren. Die alte G.O.E.-Pfahlstrecke im Watt wurde daraufhin abgebaut, denn durch Veränderungen des Fahrwassers war auch eine Reparatur der alten Anleger kaum möglich.

1920 ging die G.O.E. in der Deutschen Reichsbahn auf. Drei Dampflokomotiven standen zu diesem Zeitpunkt auf Wangerooge im Dienst, die um 1924 die neuen Nummern 99 021 bis 023 erhielten. Die wirtschaftlich schwierigen 1920er-Jahre konnte Wangerooge halbwegs durch Tagesgäste, die über den Ostanleger anreisten, auffangen. Deren Zahl erhöhte sich immer weiter, sodass bis 1929 nicht nur eine neue Dampflok (99 211), sondern auch mehrere neue Abteilwagen beschafft wurden.

Ab 1928 begannen wieder verstärkt Bautätigkeiten auf der Insel. Die Marine befestigte verstärkt den Osten und plante unter anderem den Bau eines Steindamms zur Nachbarinsel Oldeoog, während im Westen am Ende des Westgrodendeichs ab 1931 der neue Westturm entstand. Ein eigens hierfür verlegtes Baugleis führte vom Westanleger direkt zu der Baustelle und verschwand nach Beendigung der Arbeiten wieder. Unter Hitlers Nationalsozialismus wurde Wangerooge komplett „umgegraben", zahlreiche Gleisanschlüsse führten nun zu Batterien und Geschützstellungen in den Dünen auf der ganzen Insel. Die in der Vergangenheit bereits stets präsente Marine, deren Aufgaben in erster Linie im Küstenschutz und im „Strom- und Hafenbau" zu suchen waren, bekam nun deutlich militärischere Aspekte. Der Badebetrieb dagegen erlebte einen ungekannten Boom.

1934 bekam der Westturm Gleisanschluss aus Richtung Norden. Von der Weststrecke aus verlief nun ein

Mit der V 11 901 begann 1952 der „Traktionswandel" auf Wangerooge. Hier ist die Lok um 1956 auf dem Weg zum Ostanleger. Nach dem Eintreffen zweier weiterer Dieselloks 1957 ermöglichten sie die Abstellung der letzten Dampflok auf der Insel. Bis ins Jahr 2000 waren die drei Gmeinder-Dieselloks auf Wangerooge aktiv, zuletzt unter den Nummern 399 101 bis 103.

Wenn sich das Meer zurückzieht, entwickeln die Salzwiesen eine außergewöhnliche Farbenpracht – und mittendurch fährt Wangerooges Inselbahn. Am Horizont kann man den Leuchtturm Mellumplate, die Pfähle des Ostanlegers und die lang gezogene Sandbank von Minsener Oog ausmachen (September 2013).

DIE DB AUF SCHMALER SPUR

399 102 röhrt mit einem Personenzug zum Anleger. Die beigestellten Flachwagen stehen auf Wangerooge immer Richtung Anleger, damit die Gepäckcontainer vom Schiffskran umgeschlagen werden können (März 1993).

neues, ca. 800 m langes Gleis im Bogen bis kurz vor den neu errichteten Westturm. Neben Versorgungsfahrten organisierte die Bahn in den Sommermonaten „Kaffeefahrten" vom Inselort zum Turm. Dabei wurde vor dem „Haus am Meer" und dem neuen „Westturm-Cafe" ein Stopp eingelegt. 1939 gelangte mit der betagten 99 081 auch eine ehemalige Pfalzbahnlok auf die Insel.

Im April 1945 wurde der Inselort bei dem letzten Luftangriff der Royal Air Force auf Deutschland in Schutt und Asche gelegt. Innerhalb weniger Minuten starben über 300 Menschen. Die Inselbahn, die in den Kriegsjahren ihre zivilen Aufgaben mangels Fahrgästen ohnehin fast ganz in den Dienst der Marine stellen musste, erlitt beachtliche Schäden. Zahlreiche Bombentrichter zwischen der Saline und dem Bahnhof zeugen auch 70 Jahre nach dem Angriff noch von der gewaltigen Zerstörung der Insel. Die ersten Nachkriegsjahre waren von Reparaturen und der Beseitigung von Kriegsschrott bestimmt, der teilweise auch in das Eigentum der Gemeinde überging. Dazu gehörten auch eine Diesellok und eine Draisine, die Wangerooge 1947

WANGEROOGE

So bunt war die Wangerooger Inselbahn in den 1980er-Jahren! 329 501 (die ehemalige V 11 901 und spätere 399 101 von Seite 99) zieht den 1958/59 auf alten Fahrgestellen aufgebauten Umbauwagenzug, der um einen ehemaligen Spiekerooger Wagen am Zugende und den zweiachsigen Uraltpackwagen 63164 verstärkt wird.

zur Ablösung der dortigen Pferdebahn nach Spiekeroog veräußerte.

Ab 1949 gehörte die Inselbahn nun zur Deutschen Bundesbahn. 1952 wurde die erste Diesellok, V 11 901, in Betrieb genommen, der 1957 zwei weitere mit deutlich geräumigerem Führerhaus folgten. Durch die drei V 11 konnten die letzten beiden Dampfloks der Insel, 99 023 und 211, abgestellt werden. Letztere wurde schließlich 1968 unterhalb des Leuchtturms als Denkmal aufgestellt, wo die Maschine auch heute noch steht. Die Dieselloks wechselten mehrmals ihre Nummern: 1958 wurden sie als Köf 99 501 bis 503 bezeichnet, 1968 als 329 501 bis 503 und schließlich 1992 in 399 101 bis 103 umgezeichnet. Die roten Kleinloks prägten für mehr als 40 Jahre das Bild der Inselbahn.

Im Herbst 1958 lief das letzte Mal ein Schiff den Ostanleger an. Das Fahrwasser versandete im Osten Wangerooges immer stärker. Viele Male wurde der Anleger in den 54 Jahren seines Bestehens bereits verlegt, erweitert und neu aufgebaut. Durch die Öffnung Helgolands für den Ausflugsverkehr[31] war aber auch das Interesse der Tagesausflügler an Wangerooge abgeflaut,

WANGEROOGE

Auch wenn es anders aussieht, so lassen sich die brütenden Vögel in der Lagune kaum von der allgegenwärtigen Inselbahn stören. 399 101 hat hier die sechs Wagen der ehemaligen Meterpurstrecke Mosbach–Mudau am Haken, die 1973 nach Wangerooge kamen (März 1993).

DIE DB AUF SCHMALER SPUR

Noch aus der Zeit der Großherzoglich Oldenburgischen Eisenbahn (G.O.E.) stammen die schönen Hektometersteine der Inselbahn.

Bei der zweiachsigen 399 104 handelt es sich eigentlich um die 1953 für Juist beschaffte Lok „Heinrich", die 1971 als Reservelok nach Wangerooge kam. Die Lok stand bis 2001 im Einsatz und wird heute im Eisenbahn- und Technikmuseum in Prora (Rügen) ausgestellt. Auf dem Bild ist sie gerade mit einem reinen Güterzug auf dem Weg zum Anleger (April 1999).

sodass auch wirtschaftliche Gründe gegen einen Weiterbetrieb des Ostanlegers sprachen. Die Strecke und der Anleger wurden kurz darauf abgebaut, nur im Bereich der Siedlerstraße liegen bis heute noch einige Meter der alten Gleise. Im Watt hinter dem Café Neudeich lassen sich immer noch alte Schwellen entdecken, am Ostende stehen auch heute noch die Dalben und die Pfahljoche der alten Strecke.

1971 wurde eine vierte Lok als Reserve beschafft, nämlich „Heinrich" von der Inselbahn Juist, die die Nummer 329 504 erhielt. Durch die Stilllegung mehrerer anderer Schmalspurstrecken der DB erreichten zahlreiche Güter- und Personenwagen die Insel, die den Fuhrpark der Bahn ergänzten, aber auch immer bunter machten. Die Personenwagen wurden seit 1973 als Werbeträger vermarktet und mit bunter Ganzreklame versehen. Auch Wagen in der kurzlebigen „Pop-Lackierung"[32] gab es und ab Mitte der

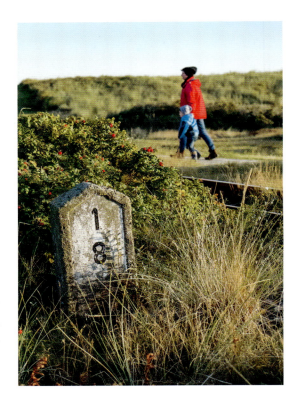

WANGEROOGE

Nur noch wenige Meter, und 329 502 hat mit den Mosbach–Mudau-Wagen den Westanleger erreicht (September 1975).

DIE WANGEROOGER SCHREIBTISCHLAMPE

Zu einer gewissen Berühmtheit brachte es ausgerechnet eine Schreibtischlampe im Wangerooger Bahnhof. Am 8. Dezember 2007 richtete der TV-Moderator Hugo Egon Balder in seiner Rate-Comedy-Show „Genial daneben" folgende Frage an die versammelte Komiker-Prominenz: „Warum hat ausgerechnet eine uralte Schreibtischlampe die Modernisierung des Bahnhofs Wangerooge überlebt?"

Die Kandidaten konnten die richtige Antwort leider nicht erraten, und so freute sich ein Wangerooger Bürger über den Gewinn von 500 Euro. Die Schreibtischlampe hat nämlich im Bahnhof eine wichtige Funktion als „Gong": Vor jeder Bahnsteigdurchsage schlägt der Fahrdienstleiter mit seinem Kuli gegen den massiven Lampenschirm. Der erspielte Betrag wurde für einen guten Zweck gespendet.

Morgensonne: Wie auch auf Borkum und Langeoog dominieren heute zwei Schöma-Loks das Geschehen auf der Wangerooger Inselbahn. Die 1999 gebaute 399 107 kehrt hier ohne Zug vom Anleger zurück (Oktober 2013).

Als Reserve und für die Güterzüge stehen auch noch die beiden „Rumänen" 399 105 und 106 zur Verfügung, die die Inselbahn 1992 günstig übernehmen konnte. Trotz zahlreicher Anpassungen glänzen die Loks nicht durch ihre Zuverlässigkeit.

WANGEROOGE

Eine weitere jahrelange Besonderheit auf Wangerooge war die 1959 gebaute Motordraisine Klv 09-0002, die 1977 aus einer normalspurigen Bahnmeistereidraisine entstand und bis 1994 für Personalfahrten für die Schiffsbesatzung eingesetzt wurde. Die Karosserie des Fahrzeugs wurde häufiger durch kleine „Stubser" der anderen Fahrzeuge in Mitleidenschaft gezogen. Heute ist das Schienenauto Teil einer Draisinensammlung in der Wetterau (März 1993, Juni 1990).

Dunkle Wolken ziehen auf, als sich 399 108 mit ihrem Zug vom Anleger kommend auf den Rückweg zum Inselort macht. Im Hintergrund kann man schwach die Silhouette von Schillig auf dem Festland erkennen (Juni 2012).

1980er-Jahre wurden einzelne Wagen mit einem nicht minder bunten zweifarbigen Anstrich versehen. Zuletzt übernahm die DB den Triebwagen 5 von Spiekeroog gemeinsam mit mehreren Wagen. Der betagte Oldtimer erhielt die Nummer 699 001 und fuhr zu Spitzenzeiten als Entlastungszug über die Insel. Längst avancierte die Inselbahn Wangerooge zu einem Paradies für Eisenbahnfreunde.

Zu Beginn der 1990er-Jahre stand die Bahn vor massiven Problemen. Die Wangerooger Inselbahn war längst die letzte Schmalspurbahn der DB geworden, besaß aber trotz weiterhin ständig steigender Beförderungszahlen einen mittlerweile in seiner Grundsubstanz komplett überalterten Fahrzeugpark. Die deutsche Wiedervereinigung bot nun eine Lösung, denn das Werk Wittenberge der (ehemaligen) Deutschen Reichsbahn in den „neuen Bundesländern" baute 14 fabrikneue einheitliche Schmalspurwagen, die sämtliche Personenwagen der Insel ersetzten. In einem groß angelegten Sanierungsprogramm wurde 1995 das Streckennetz überarbeitet und der Westanleger mit einer neuen Steinpflasterung versehen, 1998/1999 folgte dann noch die Modernisierung der Werkstatt in der alten Wagenhalle. 2012 wurden die Prielbrücken im Watt erneuert und die Strecke erneut erhöht.

Schon 1992 erwarb die DB zwei noch fast neue rumänische Dieselloks 399 105 und 106, die in aufwendiger Eigenarbeit bis 1994 an die Bedürfnisse der DB angepasst wurden. Das Vorhaben war aber nicht so recht von Erfolg gekrönt, denn die beiden Maschinen erwiesen sich aus verschiedensten Gründen als sehr störanfällig. Eine langfristige Lösung des Lokproblems bahnte sich erst 1999 an, als zwei neue Schöma-Lokomotiven (399 107 und 108) geliefert wurden, die sich sehr gut bewähren und heute nahezu den Gesamtverkehr auf der Insel bewältigen.

WANGEROOGE

Nicht selten müssen die Züge auf der freien Strecke warten, wenn am Westanleger noch rangiert wird. Und so muss 399 103 mit dem voll besetzten Zug voller abreisewilliger Fahrgäste noch etwas Geduld aufbringen, bis 399 105 das Gleis räumt (April 1999).

Seit fast 30 Jahren wird der Seebäderdienst zwischen Harlesiel und Wangerooge von den beiden Motorschiffen „Harlingerland" (Baujahr 1979) und „Wangerooge" (Baujahr 1985) abgewickelt, die von der DB gechartert werden (September 2013).

Die Sonne ist schon untergegangen, als die Inselbahn die Reisenden der letzten Fähre des Tages in den Inselort bringt. Der „Neue Leuchtturm" rechts im Bild strahlt bereits sein rotes Feuer über das Meer.

399 102 hatte im Jahr 2000 ihre letzten Einsätze auf Wangerooge. Hier hat sie hier gemeinsam mit der 399 104 (am Zugschluss) einen besonders bunten Güterzug am Haken, mit dem sie gerade den Bahnhof verlässt (März 2000).

WANGEROOGE

Dieser Triebwagen begegnete uns bereits im vorangegangenen Kapitel: Nach ihrer Stilllegung verkaufte die Inselbahn Spiekeroog ihren T 5 an die DB, wo der Wagen von 1981 bis 1993 als Reservefahrzeug einsprang. Als 699 001 galt er insgesamt als der älteste, langsamste, leichteste und schwächste Triebwagen der DB (März 1993).

Spannend für große wie auch kleine Eisenbahnfans: Weichenlaternen am Anleger.

Adlerverzierung am Empfangsgebäude (Juni 2012).

So friedvoll kann Abfallentsorgung wirken: 399 101 schiebt einige Flachwagen zur Beladung in den Gleisanschluss der Pressstation, von wo aus der gesammelte Müll zum Festland transportiert wird (März 1993).

Ein Strombauwerk mit Eisenbahn: Minsener Oog

Minsener Oog ist eigentlich ein künstliches Strombauwerk zwischen Wangerooge und der Außenjade. Menschen leben hier nicht, aber neben unzähligen Möwen und Seeschwalben befinden sich für die Instandhaltung des Bauwerks eine Materialbahn und ein WSA-Bauhof auf der Insel.

Aus der Vogelperspektive lässt sich der heute noch aktive Rest der Materialbahn auf dem Strombauwerk schnell erkennen: Das Gleis führt vom aufgeständerten Lokschuppen (links) am Radarturm und der Arbeiterunterkunft vorbei auf den zum Anleger führenden Damm (unten rechts). Der vom Damm aus nach oben wegführende Streckenast verschwindet nach wenigen Metern unter Sand (Mai 2012).

Östlich von Wangerooge, zwischen der Blauen Balje und der Jademündung, bildeten sich durch den steten Landverlust Wangerooges schon früh größere Sandbänke, die in alten Karten als „Olde Oog" und „Minser Oog" (nach dem Örtchen Minsen auf dem Festland) bezeichnet wurden. Als Preußen 1853 mit dem Bau eines großen neuen Marinehafens im Jadebusen begann, musste das Jadefahrwasser im Bereich der Mündung besonders gekennzeichnet werden. Doch das Fahrwasser unterlag wegen der kontinuierlichen Ostwanderung des Sandes steten Veränderungen. Als die Schiffe Ende des 19. Jahrhunderts immer größer wurden und mehr Tiefgang besaßen, mussten sich die Verantwortlichen ernsthafte Sorgen um die seeseitige Erreichbarkeit des Marinestützpunktes machen, da die Rinnen immer flacher wurden.

Die Kaiserliche Werft in Wilhelmshaven bekam 1899 den Auftrag, Maßnahmen zur Verbesserung der Fahrwassertiefen vorzuschlagen. Die „Jadekorrektion" sah vor, die Sandbänke durch lange Buhnen miteinander zu verbinden, um die Sanddrift aufzuhalten. Neben aufwendigen Baggerarbeiten kam 1908 durch den seinerzeitigen Dezernenten, dem Geheimen Marineoberbaurat Mönch, auch der Vorschlag, die Blaue Balje zwischen Wangerooge und Olde Oog aufzufüllen und mit Buschdämmen zu sichern. Auf diese Weise sollte Wangerooge mit den beiden Sandbänken verbunden werden. Man erhoffte sich von dieser Maßnahme, dass der Flut- und Ebbstrom dann keinen weiteren Sand mehr durch die Blaue Balje ins Watt bringen würde und Wangerooges Landabtragungen ein Ende finden würden, die Jade also weit weniger versanden würde.

In einem ersten Schritt wurde 1909 ein 1100 m langer Hauptdamm errichtet und ein Teil der Buhne C geschaffen. Kurze Stichbuhnen erhöhten die Standsicherheit. Für die Arbeiter wurde eine Schlengenbude[33] gebaut. Vier Jahre später besaß der Hauptdamm bereits eine Länge über 3,6 km, außerdem wurde jadeseitig ein Schiffsanleger fertiggestellt. Die geplante Verbindung über die Blaue Balje hinweg wurde aber wegen enormer technischer Schwierigkeiten und entsprechenden Kosten verschoben, in den 1930er-Jahren noch einmal aufgegriffen, aber letztlich nie umgesetzt. Es gab sogar Planungen, die Oststrecke der Wangerooger Inselbahn über den Damm hinweg bis an die Jade zu führen. Dies hätte

für die Schiffsverbindung nach Wilhelmshaven enorme Fahrzeitvorteile bedeutet.

Um die umfangreichen Materialtransporte auf dem Strombauwerk zu bewältigen, verlegte das Marineressort Strom- und Hafenbau in den Jahren 1918 bis 1922 auf dem Hauptdamm und den meisten abzweigenden Buhnen eine 600-mm-spurige Materialbahn. Um 1918 tat bereits eine Montania-Motorlok auf der künstlichen Insel ihren Dienst, wie alte Fotos belegen. Mit simplen Kipploren wurde das Baumaterial an die jeweiligen Baustellen gebracht. Bis 1936 fanden die Arbeiten mit dem Bau des 1200 m langen Süddamms mitsamt einer Stichbuhne vorläufig einen Abschluss. Die Maßnahmen hatten Erfolg, die Außenjade hatte einen ausreichenden Tiefgang und versandete nicht mehr.

Im Zweiten Weltkrieg beschaffte man für Minsener Oog zwei neue Lokomotiven, da u. a. zwei Schein-

Während „Dicke Pötte" auf der Jade und der Weser zum Greifen nah scheinen, wartet ein WSA-Mitarbeiter mit der kleinen Diema-Lok sowie einem „Personenwagen" auf einige per Schiff anreisende Kollegen (Mai 2006).

Blick vom Radarturm auf den alten „Betriebshof" der Küstenschutzbahn auf Minsener Oog, der 2009 wegen Baufälligkeit aufgegeben werden musste: Auf der hochwassersicheren Schlengenbude gab es einen Lokschuppen, eine Werkstatt und einige Abstellgleise. Die Züge haben die Plattform über die Rampe links im Bild erreicht (Mai 2006).

werferstände versorgt werden mussten. Nach der Kapitulation Deutschlands versuchten die Besatzungsmächte, durch eine Sprengung an zwei Stellen das Strombauwerk aufzulösen und damit auch die Jade zu versanden. Erst 1951 durften die Vertreter des Wasser- und Schiffahrtsamtes Wilhelmshaven die Schäden inspizieren und mit der Reparatur beginnen, die sich bis 1966 hinzog. Der Anleger musste zeitweise an die Buhne VI verlegt werden, da der jadeseitige Anleger von 1917 längst ein Raub des Blanken Hans[34] geworden war. In den Folgejahren wurde er mehrmals wieder aufgebaut und erweitert. Auf dem Strombauwerk arbeiteten ständig zwei Buhnenwärter im Schichtdienst, die verschiedene Wartungsaufgaben wahrnahmen.

Vor allem Ende der 1970er-Jahre fand Minsener Oog den Zustand, in dem es sich bis heute befindet: In den Jahren 1975 und 1979/1980 wurden über zehn Millionen Kubikmeter Baggergut aus dem Jadefahrwasser aufgenommen. Damit wurde die Insel immer weiter vergrößert, die nun eine teilweise bis zu zwölf Meter hohe Dünenlandschaft aufweist und eine ungefähr 2,2 Quadratkilometer große Landmasse besitzt. Durch das Anpflanzen von Strandhafer konnte der Landabgang größtenteils eingedämmt werden. Längst ist Minsener Oog eine Brutstätte für seltene Seevogelarten, vor allem die Seeschwalbe, geworden, sodass durch den Mellumrat e. V. eine dauerhafte Vogelbeobachtung eingerichtet und ansonsten ein absolutes Betretungsverbot ausgesprochen wurde – die Mitarbeiter des WSA ausgenommen. Nur der Südzipfel der Insel darf im Rahmen von Wattwanderungen betreten werden.

Aus der Schlengenbude wurde mit der Zeit der WSA-Bauhof, an dem sich seit 1976 auch der markante schwarz-weiße Leucht- und Radarturm befindet. Neben dem Gebäudekomplex für die Arbeiter befand sich in rund 400 m Entfernung auch der Betriebshof der Bahn auf einer aufgeständerten hochwassersicheren Ebene, auf der die Loks mittels einer Rampe in einen eigenen Lokschuppen einfahren konnten. Daneben gab es die Werkstatt und einen Geräteschup-

MINSENER OOG

pen. In den 1980er-Jahren besaß die Bahn immerhin zwei Diema[35]- und eine Jung-Lokomotive.

Im Jahr 1998 wurde die ständige Präsenz des WSA auf Minsener Oog aus Kostengründen aufgegeben und anschließend nur noch bedarfsweise vom WSA angelaufen. Gleichzeitig wurde die Unterhaltung des Streckennetzes aufgegeben, das daraufhin bald unter Sanddünen verschwand. Benötigt wurde die Materialbahn nur noch, um Personen und Fracht zwischen dem Brückenkopf des Anlegers und dem Bauhof zu transportieren. Bei einer Instandsetzung im nördlichen Bereich der Buhne A im Jahr 2009 baute das WSA die Gleise schließlich ab. Die Bahn stand mitsamt den Mannschaftsunterkünften insgesamt zur Disposition, doch wurde in einer Studie auch weiterhin Bedarf festgestellt: Da der bisherige aufgeständerte Betriebshof der Bahn aber nunmehr baufällig war und gesperrt werden musste, entstand südlich der Mannschaftsquartiere ein neuer Lokschuppen in Hochlage. Eine einzige Weiche ist der Bahn auf Minsener Oog verblieben.

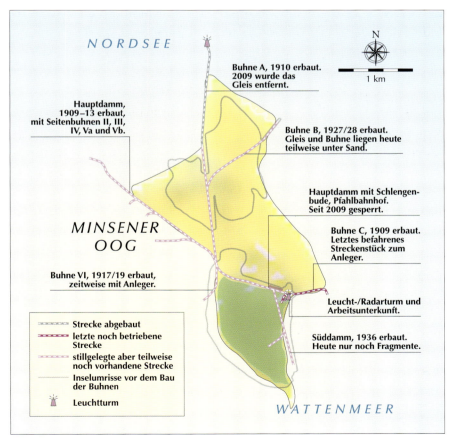

Auch Minsener Oog blieb im Zweiten Weltkrieg nicht von strategischen Überlegungen verschont, und so sind auch heute noch die Ruinen eines alten Scheinwerferstandes im Hintergrund bestens sichtbar. Die kleine Diema-Lok hat hier den Abzweig vom Anleger zum Radarturm genommen.

Eine historische Aufnahme aus der Zeit, als der Kopf der Buhne A mit Sinkstücken, Steinen und Schrott besonders gesichert werden musste (1929).

MINSENER OOG

Der Lokschuppen auf dem aufgeständerten Betriebshof der Bahn. Minsener Oog ist Brutgebiet für viele Vogelarten, und so hat die ordnungsgemäße Müllentsorgung mit der „Müll-Lore" eine besonders wichtige Funktion.

Blick zurück auf den Anleger und den in seiner Lage mehrfach korrigierten Steindamm mitsamt Gleis (Mai 2006).

Materialbahn rund um den Leuchtturm: Neuwerk

Auch auf Neuwerk fuhr eine 600-mm-spurige Küstenschutzbahn, die aber nur für rund 24 Jahre Bestand hatte und heute bereits wieder fast völlig vergessen ist.

Eine weitere Küstenschutzbahn finden wir weiter östlich auf Neuwerk. Die Insel liegt etwas südlich der Elbemündung vor Cuxhaven. Auf ihr wurde schon im 14. Jahrhundert der bekannte und berühmte Wehrturm errichtet, der heute als Leuchtturm dient. Die Insel ist nur über eine schmale ausgeprickte Fahrwasserrinne für größere Schiffe erreichbar, die an einem Anleger auf der Westseite festmachen können. Von dort aus sind es nur wenige Meter bis zu den wenigen Häusern, die auf der kleinen Insel entstanden sind.

Nachdem die verheerende Sturmflut vom Februar 1962[36] auch auf Neuwerk großen Schaden an den umgebenden Deichen anrichtete, sah sich das zuständige niedersächsische Hafenamt Cuxhaven in der Pflicht, durch zusätzlichen Buhnenbau den Inselkern mit seinem umgebenden Deich weiter zu schützen. Die West- und die Nordseite der Insel sollten dabei ein neues Netz aus Buhnen erhalten. Für die Materialtransporte wurde noch 1962 eine Materialbahn angelegt. Südlich des Leuchtturms, wo sich heute der Hauptzugang zum Turm befindet, errichtete das WSA einen (heute noch vorhandenen) Bauhof, der mit einer 600-mm-spurigen Bahn mit dem Löschplatz nahe des Schiffsanlegers verbunden wurde – dabei musste die Bahn den Deich überwinden. Auf der gesamten Westseite Neuwerks baute das WSA Gleise entlang der heutigen Buhnen, um den Bau und die spätere Unterhaltung zu organisieren. Vor allem im nördlichen Vordeichgelände wurden nach Bedarf zahlreiche abzweigende Anschluss- und Zweiggleise verlegt.

Neben zwei fabrikneuen Diema-Loks befanden sich rund 20 Material- und Güterwagen verschiedener Bauarten auf der Insel. Seit dem 1. Oktober 1969 gehört Neuwerk zu Hamburg, entsprechend ging die Bahn auch in die Zuständigkeit des Hamburger Amtes für Strom- und Hafenbau (heute der Hamburger Behörde für Wirtschaft und Arbeit unterstellt) über.

1986 wurde der Betrieb auf der WSA-Bahnstrecke eingestellt, die Gleise wurden danach abgebaut. Die Loks gingen an andere Dienststellen über.

Für die Neuwerker Küstenschutzbahn beschaffte das Hafenamt Cuxhaven 1962 zwei baugleiche Diema-Loks, die bis 1987 auf der Insel zum Einsatz kamen. Einfache Holzlattentüren in den Führerhäusern reichten für den Betrieb völlig aus (September 1986).

Nur wenige Meter vom Bauhof auf Neuwerk entfernt befindet sich der Teich des Herrengartens und der markante Wehr- und Leuchtturm von Neuwerk, der auf das Jahr 1299 zurückgeht (März 2002).

NEUWERK

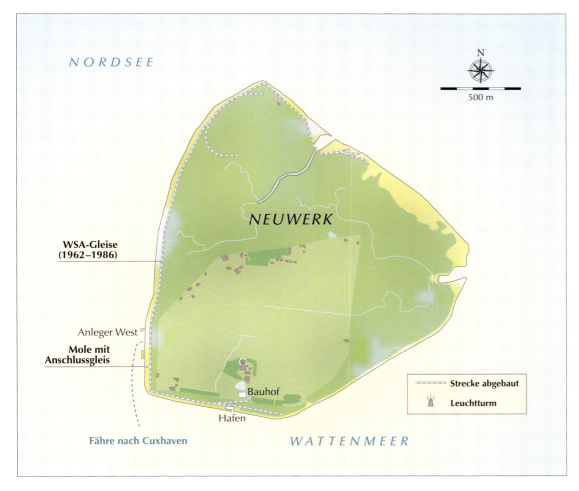

Auch nach der Einstellung der Neuwerker Küstenschutzbahn konnte man noch viele Jahre Relikte der 600-mm-spurigen Bahn erkennen. Ein Abzweiggleis nahe dem Deich war im März 2002, als dieses Bild entstand, noch teilweise vorhanden. Links führte das Gleis in einem 180°-Bogen zum Bauhof des Amtes. Heute sind auch diese Gleisreste verschwunden.

Gleich beide Loks 1 und 2 erwischte der Fotograf auf diesen seltenen Farbbildern auf der linken Seite, die in den letzten Einsatzmonaten entstanden. Der als Lokschuppen dienende Lagerraum auf dem Bauhof existiert auch heute noch (September 1986).

Auf großer Lorenfahrt: Halligbahnen

Von der nordfriesischen Küste führen gleich zwei Halligbahnen ins Watt: Die Bahnen nach Nordstrandischmoor und Langeneß bzw. Oland sind nichtöffentliche Eisenbahnen und dienen in erster Linie dem Küstenschutz. Für die Bewohner der Halligen sind sie aber auch die Verbindung zur großen, weiten Welt.

Wer die Nordsee mag, darf beim Wetter nicht pingelig sein! Abfahrbereite Lore im Lorenbahnhof von Lüttmoor (Nordstrandischmoor) im August 2013.

Ringförmig um die Insel Pellworm liegt die Welt der Halligen – kleine Marschinseln, die weitgehend ungeschützt vor der nordfriesischen Küste im Watt liegen und als Wellenbrecher für das Hinterland von unschätzbarem Wert sind. Sie entstanden zum Teil aus Resten des Festlandes, zum Teil aber auch aus Neuauflandungen nach großen Sturmfluten in den vergangenen Jahrhunderten. Im Gegensatz zu den nordfriesischen Inseln sind die Halligen nicht überflutungssicher. Die Häuser der Halligbewohner werden deshalb auf Warften[37] gebaut.

Damit sich das Meer nicht zu viel Wattland zurückholt, wurden bereits um 1860 durch den Bau niedriger Dämme Maßnahmen zur Landgewinnung und zum Uferschutz betrieben. 1925 begann das Marschenbauamt, die Hallig Oland durch einen Damm mit Dagebüll auf dem Festland zu verbinden. Auf dem Damm wurde kurz darauf auch eine 900-mm-spurige Materialbahn verlegt, mit der die Baustoffe transportiert werden konnten. Warum man ausgerechnet diese Spurweite wählte, ist nicht restlos geklärt, aber es könnte sich um Gleismaterial gehandelt haben, das kurz zuvor auch beim Bau des Hindenburgdamms verwendet wurde. Bis 1928 wurde dieser Damm mitsamt Strecke über Oland hinaus bis nach Langeneß verlängert. Ihren Ausgangspunkt hat die Bahn am Dagebüller Bauhof, wo sich ein großer Lorenplatz sowie die Lokgaragen befinden. Unweit des alten Leuchtturms wird die Bahn über den Deich geführt und biegt dann südwärts ins Watt ab. Nach 4,8 km ist Oland erreicht, danach geht die Fahrt weitere 3 km südwestlich

Ein Bildklassiker ist diese Aufnahme der Segellore von Magda Matthiesen (1896–1976) auf der 900-mm-spurigen Strecke. Matthiesen mit ihrem selbst gebauten Gefährt wurde als „Kapitän Tante Magda" auch überregional bekannt.

AUF GROSSER LORENFAHRT

weiter bis Langeneß. Auf dieser Hallig wohnen heute immerhin rund 140 Menschen, auch das Auto hat mittlerweile über die Fährverbindung von Schüttsiel und Hallig Hooge Langeneß erreicht. Schwieriger zu erreichen ist Oland (40 Einwohner), das einzig und allein über die Bahn Verbindung zum Festland hat. Die Gleisanlagen sind schlicht gehalten: Während es in Dagebüll mehrere Abstellgleise gibt, endet die Strecke auf Langeneß an drei Stumpfgleisen. An insgesamt vier Stellen gibt es Ausweichmöglichkeiten für begegnende Züge.

Erheblich weniger Einwohner weist die Hallig Nordstrandischmoor auf, einige Kilometer weiter südlich vor den Toren Husums. Hier leben 22 Menschen, die nur bei gelegentlichen Fährsonderfahrten Besuch bekommen. Einzige „feste" Verbindung zum Festland ist ein um 1934 aufgeschütteter Steindamm mit einer Länge von rund 6 km zwischen der Hallig und der kleinen Ortschaft Cecilienkoog. Die hier aufgebaute Materialbahn wurde in der typischen Feldbahnspurweite von 600 mm ausgeführt. Heute ist diese Strecke, nachdem der Beltringharder Koog[38] 1988 eingedeicht

Nasse Füße inklusive: Das Gleis geht bei Hochwasser nicht selten in der Nordsee unter, der Bahnbetrieb ruht. Am Horizont sind die Warfte der Hallig Nordstrandischmoor zu erkennen (November 1998).

HALLIGBAHNEN

Kleine Kipploren und winzige Schöma-Dieselloks reichen für die Aufgaben der Materialbahnen im Regelfall aus. Diese Lok wurde 1968 an das Marschenbauamt Husum geliefert.

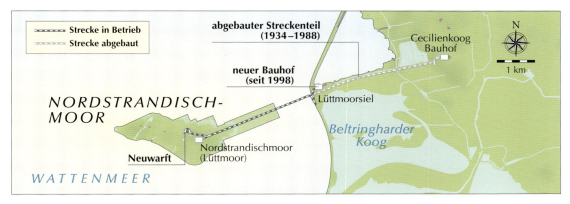

wurde, nur noch halb so lang, denn nach umfangreichen Eindeichungen kann das ehemalige Überschwemmungsland auf einer Straße durchfahren werden. Entsprechend wurde die Bahn gekürzt und nahe der Badestelle Lüttmoorsiel der heutige Endpunkt der Halligbahn und ein Besucherzentrum errichtet. Die knappen Gleisanlagen direkt unterhalb des Deichs wurden Mitte 1998 aufgegeben und durch einen neu erbauten „Feldbahnhof" ersetzt, der nun deutlich mehr Platz für den bunten Fuhrpark bietet.

Beide Halligbahnen werden heute vom Landesbetrieb für Küstenschutz, Nationalpark und Meeresschutz Schleswig-Holstein (LKN-SH) in Husum betrieben. Mehrere Schöma-Diesellokomotiven mit klassischen Kipploren werden für den Steintransport eingesetzt.

Erst 2009 lieferte Schöma diese dieselhydraulische Lok für die 900-mm-spurige Strecke. Hier verlässt sie mit einigen Kipploren den Bauhof von Dagebüll. Der Leuchtturm im Hintergrund, das ehemalige Unterfeuer Dagebüll, wurde in den vergangenen Jahren zu einem (kleinen und exklusiven) Hotel umgebaut und steht Übernachtungswilligen offen (Juli 2013).

AUF GROSSER LORENFAHRT

Deichtore wie bei den Inselbahnen gibt es bei den Halligbahnen nicht. Die Deiche werden beidseitig in mehr oder weniger sanften Steigungen bezwungen. In Lüttmoorsiel muss zudem auf der Deichkrone die Fahrtrichtung gewechselt werden (rechte Seite oben; Aufnahme vom Januar 1998).

Die Halligbewohner müssen ihre Versorgungsfahrten zum Festland gut planen und sich auch darauf einstellen können, notfalls einige Tage vom Festland abgeschnitten zu sein. Mit voll beladener Lore geht hier – auf dem Bild rechts unten – die Fahrt zurück auf die Hallig. Auf dem Stumpfgleis „Seedeich" im Hintergrund steht der Getränkenachschub für Halligbewohner und Gäste (Juli 2013).

Die mehrjährige Erneuerung des Lorendamms und der Strecke nach Oland und Langeneß kann man auch im Bauhof Dagebüll verfolgen, wo ausgediente und neue Schienen gelagert werden (Mai 2010).

Prinzipiell findet auf beiden Halligbahnen kein öffentlicher Personenverkehr statt. Ihre Funktion als Materialbahn hat Vorrang vor der geduldeten Nutzung durch die Halligbewohner, die die Gleise für Versorgungsfahrten auf eigenen, oftmals selbst gebauten Fahrzeugen und auf eigene Gefahr frequentieren. Auch Besucher der Halligen dürfen heute auf den Halligfahrten mitbefördert werden. Den Halligbewohnern wird das Führen einer „Motorlore" gestattet, wenn ein Mofa-Führerschein vorliegt und der Fahrer ein Mindestalter von 15 Jahren hat. Es ist in der heutigen Zeit, in der aus Haftungsgründen viele Dinge von vornherein untersagt werden, bemerkenswert, dass der Landesbetrieb den Halligbewohnern solche Freiheiten lässt – ein Grund dafür liegt sicher darin, dass Schleswig-Holstein auf diese Weise das ungewöhnliche Leben im Watt ein wenig angenehmer gestaltet, um eine Abwanderung zu verhindern.

Mit den Jahren hat sich durch die Halligbewohner ein ansehnlicher Park unterschiedlichster motorgetriebener Personenloren eingefunden, die von offenen „rollenden Sitzbänken" bis hin zu geschlossenen Wagen reichen. Zahlreiche Loren sind abenteuerlich anmutende Eigenbauten. Nicht selten ist der Benzin- oder Dieselmotor abnehmbar und einfach mittels Keilriemen oder Kette mit den Achsen verbunden. Gebremst wird per Fußhebel und Hemmschuh. Bevor sich Motorloren in den 1960er-Jahren durchsetzten, benutzten die Halligbewohner noch regelmäßig Loren mit Segeln, mit denen sie bei entsprechendem Wind über die Schmalspurgleise jagten.

Das ging natürlich nur, wenn der Wind aus der richtigen Richtung blies, und bedeutete meistens, dass eine Wegstrecke geschoben werden musste. Heute werden zumeist Honda-Viertaktmotoren verwendet.

Beide Strecken sind nach wie vor unentbehrlich, obwohl sie selbst keinesfalls günstig in ihrer Unterhaltung sind. Vor allem die Nordstrandischmoorer Bahn leidet im Winter unter Eisgang. Ende der 1970-er Jahre mussten umfangreiche Gleisneubauten durchgeführt werden. Bei stürmischem Wetter ist es keine Seltenheit, dass die Gleise im Meer verschwinden – dann geht auch auf dem Schienenwege nichts mehr. Zwischen 2005 und 2013 wurde der gesamte Damm zwischen Dagebüll und Langeneß erneuert und erhöht, sodass man hier noch über viele Jahre diesen außergewöhnlichen Bahnbetrieb erleben können wird.

Von Wittdün nach Norddorf: Amrum

Wie auf Borkum fuhren auf Amrum die Dampfzüge auf 900-mm-Gleisen – aber leider nur bis 1939. Misswirtschaft und unglückliche Umstände führten schon frühzeitig zum Ende des Bähnchens, das zwischen den Landungsbrücken in Norddorf und Wittdün eine Verbindung herstellte – kurzzeitig sogar mit elektrischen Triebwagen!

Das imposante Wittdüner Kurhaus und die Inselbahn, aufgenommen um 1925. Nach dem Ende des elektrischen Betriebes auf Amrum wurden die drei Triebwagen teilverkleidet und zu Personenwagen (Nr. 4–6) umgebaut, von denen wir hier einen sehen.

Jede deutsche Inselbahn hat ihre eigene Geschichte und ihre eigenen Besonderheiten. Das gilt für Amrum, eine der schönsten deutschen Inseln überhaupt, erst recht. Die Amrumer Inselbahn glänzte durch weitgehende Erfolglosigkeit und wurde schon nach 46 Betriebsjahren wieder eingestellt – das war 1939. Heute erinnert praktisch nichts mehr auf der Insel an sein altes Bähnchen, das dennoch in einer kuriosen Hassliebe von den Insulanern in einem eigenen Liedchen besungen wurde.

Amrum hat eine Größe von rund 20 Quadratkilometern und gehört zu den drei nordfriesischen Geestkerninseln. Rechnet man den Kniepsand hinzu, kann die Insel sogar mit einer Landmasse von 30 Quadratkilometern aufwarten und nähert sich den Dimensionen Borkums an. Diese ausgedehnte Sandbank vor der Insel war stellenweise bis zu 1 km breit. Und dies war auch der ursprüngliche Grund, weshalb 1893 erstmalig Schienen auf Amrum verlegt wurden: Bei den Badegästen stieß der lange Strand zwar auf große Begeisterung, doch empfanden diese den Weg zum Wasser vom Kurort Wittdün aus als zu lang. Die um den Ausbau des Seebades bemühte „Aktiengesellschaft Wittdün und Amrum" (AGWA) wollte zur Abhilfe dieses Missstandes eine besondere Attraktion schaffen, die auch die aus gleichem Grund bestehende Pferdebahn von Spiekeroog übertraf. In der Badesaison 1893 entstand Amrums „Dampfspurbahn" zwischen der Holzpromenade in Wittdün entlang des Strandes, am Wriakhörn vorbei, bis direkt auf den Kniepsand. Hier wurde nach 4,1 km Streckenlänge eine aufgeständerte Strandhalle gebaut. Die Spurweite betrug 900 mm. Von einem „Oberbau" konnte man nicht sprechen, die Gleise wurden einfach im Sand verlegt. Noch bevor

die Bahn eine Betriebserlaubnis erhielt, war im September die Saison vorbei, und die Gäste reisten ab. Im Februar 1894 zerstörte eine Sturmflut die noch völlig ungenutzte Strandbahn auf fast ganzer Länge. Nach einem Wiederaufbau wurde die Dampfspurbahn endlich am 20. Juli 1894 in Betrieb genommen. Die Begeisterung legte sich aber rasch, und das feine Publikum störte sich allmählich am Anblick der dampfenden Bahn im Ortsbild von Wittdün. Der Ausgangspunkt der Bahn wanderte jetzt an den Ortsrand, rund 1,7 km weiter westlich.

1901 nahm der Seebäderdienst der Nordsee-Linie[39] wegen der besseren Erreichbarkeit eine tidefreie Schiffsverbindung nach Hörnum auf, am Südende der Insel Sylt. Gleichzeitig stellte er die Bedienung Wittdüns ein, sodass dem aufstrebenden Seebad nun viele Gäste entzogen wurden. Nach einigen Verhandlungen konnte die AGWA die Nordseelinie Dampfschiffahrtsgesellschaft überzeugen, Amrum ebenfalls anzulaufen – allerdings an einer am Nordende bei Norddorf noch zu bauenden Anlegebrücke. Aber wie sollten die Badegäste diesen Anleger überhaupt erreichen können, wenn Verkehrswege noch völlig fehlten bzw. sich die Wege in einem katastrophalen Zustand befunden haben sollen?

Die schwierigen Wegebedingungen erforderten den Bau einer Bahnstrecke zwischen den Anlegern in Wittdün und Norddorf. Zwischenzeitlich hatte sich die Nordseelinie verpflichtet, bis zur Inbetriebnahme des neuen Norddorfer Anlegers weiterhin Wittdün

„Nordseebad Norddorf" – eine kolorierte Ansichtskarte aus dem Jahr 1909. Erst sieben Jahre zuvor hatte die Amrumer Inselbahn das Dorf erreicht.

VON WITTDÜN NACH NORDDORF

anzulaufen. Nach nicht einmal drei Monaten Bauzeit fuhr am 1. Juli 1901 erstmalig ein Zug von der Wittdüner Landungsbrücke aus bis Nebel. 1902 folgte die Verlängerung der Strecke über Norddorf bis zur neuen Landungsbrücke, die Strecke maß damit 11,3 km. In Nebel entstand dabei aufgrund der ungünstigen Lage ein Kopfbahnhof, wenngleich die Züge über ein Gleisdreieck auch den direkten Weg nehmen konnten. In Wittdün wurde ein Verbindungsgleis zur Kniepsandstrecke gebaut.

Unter dem Strich blieb die Amrumer Inselbahn in ihren ersten Jahren ein teures Vergnügen und führte 1907 zum Konkurs der AGWA. In diese Zeit fiel der Bau eines neuen Elektrizitätswerkes auf Amrum, das eigentlich die elektrische Energieversorgung der Insel zum Ziel hatte, aber für die wenigen Nutzer viel zu teuer produzierte. Ein als „Elektrizitätswerke GmbH Düsseldorf" firmierendes Unternehmen entstand, das sich nach dem Konkurs des bisherigen Betreibers nun auch der Inselbahn annehmen sollte: Wenn man schon Strom hatte, sollte diesen auch die Inselbahn nutzen, und so elektrifizierte das Unternehmen die Inselbahnstrecke. Die neue Betreiberfirma verpflichtete sich auch zu einer Neutrassierung der Kniepsandstrecke weiter nördlich, die durch eine günstigere Lage einen besseren Schutz vor Sturmfluten erfahren sollte.

Am 10. September 1909 fuhr das erste Mal einer von drei von der Norddeutschen Waggonfabrik AG in Bremen gebauten straßenbahnähnlichen Elektrotriebwagen mit 700 V Gleichstrom von Wittdün nach Norddorf. Damit erhielt Amrum die einzige elektrische Inselbahn mit öffentlichem Verkehr. Ein Brand des E-Werkes im August 1910 setzte nach nicht einmal einem Jahr einen Schlussstrich unter diese Episode, denn die Gesellschaft war nicht entsprechend versichert und ging ebenfalls in den Konkurs. Die völlig heruntergekommenen Dampfrösser mussten

Die Kniepsandstrecke war die Keimzelle der 900-mm-spurigen Inselbahn von Amrum. Sie sollte stets ein Sorgenkind ihrer Betreiber bleiben, da die Fluten und der weiche Untergrund dem Gleis stark zusetzten. Hier rollt Lok 4, gebaut 1910 von Hanomag, über den Sand zum Badestrand.

reaktiviert werden. Zehn Jahre nach ihrer Betriebsaufnahme befand sich die Amrumer Inselbahn Anfang 1911 bereits in einem bemitleidenswerten Zustand. Unter Zwangsverwaltung der HAPAG kam die Bahn wieder zu Kräften und ging auf die Inselgemeinde Amrum als Zweckverband über. Die elektrischen Triebwagen konnten wieder fahren. Der Erste Weltkrieg und das Ausbleiben von Gästen rissen aber wieder klaffende Löcher in die Bilanz, am 17. Oktober 1918 musste der Betrieb aufgrund völlig leerer Kassen eingestellt werden. Ohne Kohlen fuhr keine Dampflok, und ohne Kohlen lieferte auch das E-Werk keinen Strom.

Ausgerechnet einem Konsortium der Nachbarinsel Föhr musste man notgedrungen im Januar 1920 die Inselbahn überlassen: Die „Amrumer Inselbahn AG" entstand, die aber vom elektrischen Betrieb nichts mehr wissen wollte und alles nicht mehr benötigte Material – und dazu gehörte auch die Oberleitung – abbaute und verkaufte. 1925 wurde die Strecke überarbeitet, doch schon 1931 soll sich die Bahn wieder in äußerst schlechtem Zustand befunden haben. Sie geriet daraufhin von der Aufsichtsbehörde erneut unter Zwangsverwaltung. Der Inselbahnbetrieb wurde 1931 verpfändet und gelangte über die Gläubiger an die Wyker Dampfschiffahrts-Reederei. Die hatte großes Interesse an der Bahn, denn da auch der von der HAPAG angefahrene Norddorfer Anleger nun in ihre Hände fiel, konnte sie die unerwünschte Konkurrenz vom Amrum-Verkehr ausschließen. Als Tochterunternehmen wurde jetzt die „Amrumer Inselbahn GmbH" gegründet, die jedoch ebenfalls weitgehend erfolglos und unter starkem Kostendruck einen Betrieb aufrechthielt. Durch Versandung wurde der Norddorfer Anleger um 1937 unbrauchbar.

Im Herbst 1938 wurde der Bau einer Straße zwischen Wittdün und Norddorf beschlossen. Das Schicksal der unglückseligen Inselbahn war zu diesem Zeit-

punkt längst besiegelt. Am 31. Oktober 1939 fuhr der letzte Zug, 1940 wurde die Bahn endgültig abgebaut. Der Schiffsanleger in Norddorf wurde 1941 durch Eis- und Seegang so stark beschädigt, dass er nie wieder aufgebaut wurde.

Aus der Vergangenheit der Bahn bleiben nur einige alte Fotos und die einstige Linienführung der Bahn, die sich durch gut ausgebaute Radwege auf der Insel heute noch gut „erfahren" lässt.

Je nach Witterung konnte man auf Amrum auch im offenen Sommerwagen sitzen. Ein einfacher O-Wagen wurde mit Sitzbänken für den Personenverkehr unter freiem Himmel eingerichtet. Was den gelegentlich fliegenden Ruß der Lok anging, durften die Fahrgäste natürlich nicht zimperlich sein.

Ein bekanntes Ansichtskartenmotiv aus den 1930er-Jahren zeigt den Inselbahnzug in den Dünen bei Norddorf. Der markante Personenwagen in Zugmitte hatte 1931 in eigener Werkstatt ein neues Tonnendach erhalten.

AMRUM

Die Amrumer Inselbahn führte nah am markanten Leuchtturm vorbei und besaß hier einen eigenen Haltepunkt. Hinter der Dampflok sehen wir zwei E-Triebwagen von 1909, die nach der Einstellung des elektrischen Betriebs als reine Personenwagen weiterfuhren.

An der Nordspitze Amrums verlief das Inselbahngleis hinter Norddorf auf dem Weg zu den Landungsbrücken direkt innerhalb der Dünen.

Der Dünenexpress: Sylt

Auf der deutschen „Trauminsel" Sylt ist die Eisenbahn nach wie vor präsent – über den Hindenburgdamm kommt man bequem vom Festland aus direkt nach Westerland. Doch bis 1970 war Sylt auch noch von einem umfangreichen Meterspurnetz erschlossen, auf dem unter anderem die berühmten Borgward-Sattelschleppertriebwagen den Verkehr erledigten.

Reichspräsident Hindenburg weihte 1927 den damals namenlosen Damm ein. Die Presse sprach von einem „Meisterwerk deutschen Geistes".

Sylt ist nicht nur die größte der nordfriesischen Inseln, sie ist auch Deutschlands nördlichste Insel überhaupt. Wenn viele oftmals besser betuchte Urlauber im Sommer an die Nordsee fahren, ist damit fast immer eine Insel gemeint: Sylt. Nach dem Vorbild englischer Seebäder hat sich hier bereits im 19. Jahrhundert die Mittel- und Oberschicht zu Kuren aufgehalten, die dadurch auch für ein entsprechendes kulturelles Rahmenangebot sorgten. Seit den 1960er-Jahren hat der Tourismus auf Sylt noch weiter zugenommen. Den insgesamt knapp 21 000 Einwohnern der Insel stehen heute jährlich fast 850 000 Gäste gegenüber.

Wer nach Sylt fährt, darf das Auto mitbringen. Eine Fahrt auf das Urlaubsparadies ist eine der wenigen Gelegenheiten, bei denen unsere heutige Autogesellschaft in direkten Kontakt mit der Bahn gerät: Um mit dem Pkw auf die Insel zu gelangen, muss man sich schon in Niebüll auf einen Autozug verladen lassen, der als „SyltShuttle" direkt auf die Insel fährt. In der Hauptsaison fahren die Züge oft in Blockabstand hintereinander her. Nach einigen Kilometern erreichen sie den berühmten Hindenburgdamm.

Nach Sylt über den Hindenburgdamm

Der 11,2 km lange und 7,5 m hohe Hindenburgdamm verbindet seit dem 1. Juni 1927 Sylt mit dem Festland und wird ausschließlich von der Bahn befahren – so gesehen hat Sylt auch heute noch eine „Inselbahn", wenngleich diese Bezeichnung auf den ausgewachsenen DB-Bahnhof in Westerland und die zugehörigen Bahnanlagen kaum passen mag. Jährlich werden über eine Million Autos verladen und

transportert. Es erstaunt also nicht, dass es zwischenzeitlich auch durchaus ernst zu nehmende Bestrebungen gab, die Eisenbahn auf dem Hindenburgdamm durch eine Straße zu ersetzen. Glücklicherweise konnte die Bahn insofern immer ihre Interessen wahren, denn der Damm erwirtschaftet als einzige Zugangsmöglichkeit über „festen Boden" gern gesehene schwarze Zahlen.

Immerhin fast 8 km der festen Querung werden ständig durch das nordfriesische Wattenmeer umspült. Die Bahn fährt auf langen Rampen auf den Damm, der im Laufe der Jahrzehnte zahllose höchst dramatische Postkartenmotive mit gewagten Fotomontagen hervorbrachte – Züge, die von meterhohen Wellen bedroht werden, und denen das Wasser in nahezu allen Fällen bis an den Schotter reicht.

Gebaut wurde die 39 km lange Verbindung zwischen Westerland und Niebüll als eine Antwort auf die Abtretung Nordschleswigs an Dänemark nach der Abstimmung 1920. Der Fährhafen Hoyerschleuse, von dem bislang die Fährschiffe nach Sylt ablegten, lag nun auf dänischer Seite, und die umständlichen Zollformalitäten waren dem Badevergnügen abträglich. Dabei gab es Dammbaupläne schon viel früher, schon seit 1856. 1913 genehmigte schließlich der Preußische Landtag den Dammbau, doch der Erste Weltkrieg

Meterhohe Wellen, die an die Seiten der Züge schlagen: Meist war die Fahrt über den Hindenburgdamm allerdings deutlich unspektakulärer, als uns der Künstler dieser Karte weismachen möchte. Dennoch gab es auch auf dem Hindenburgdamm bereits einige mehr oder weniger glimpflich abgelaufene Zwischenfälle, bei denen Sturmböen Autos und Lkw von den Zügen wehten.

Im Juli 1970 erreicht 216 070 mit einem Autozug den Kreuzungsbahnhof (Kbf) Hindenburgdamm in der Mitte des 11 km langen Damms. Erst 1971 wurde die Lebensader von Sylt zweigleisig ausgebaut und das Stellwerk zu einer Blockstelle degradiert.

machte die Pläne zunächst wieder zunichte. Trotz wirtschaftlich schwieriger Zeiten begann man endlich im 1923 mit den Arbeiten vom Festland aus, 1925 auch von der Inselseite aus. Sturmfluten warfen die Fertigstellung der Arbeiten immer wieder zurück. Insgesamt wurden 3,2 Millionen Kubikmeter Steine und Kies bewegt und 20 Millionen Reichsmark aufgewendet. Erst 1927 konnte Reichspräsident Paul von Hindenburg den nach ihm benannten Damm einweihen.

Entlang der eingleisigen Strecke gab es inselseitig die Zwischenbahnhöfe Morsum und Keitum sowie die Ausweichstelle „Hindenburgdamm" inmitten des Bauwerkes. Nach dem zweigleisigen Ausbau 1972 wurde der letztere zur Blockstelle „Hdm" und 1995 in eine automatische Selbstblockstelle umgewandelt.

Während die Regional- und Fernzüge auf der „Marschbahn" normalerweise von Hamburg aus bis nach Westerland durchgeführt werden, fahren die Autozüge nur zwischen Niebüll und der Insel. Von 1997 bis 2013 war dies das Geschäftsfeld der DB AutoZug GmbH, die hierzu in Niebüll eine eigene Werkstatt unterhielt. Jetzt wird der Betrieb von der DB Fernverkehr AG durchgeführt. Die Autozüge werden von Dieselloks der Baureihen 215 und 218 in Doppeltraktion gezogen. Die Beschaffung modernerer Ersatzloks wird seit vielen Jahren geplant, ist aber immer noch nicht absehbar.

Die Sylter Inselbahn

Sylt gilt heute als *die* deutsche Urlaubsinsel. Das nördlichste deutsche Eiland hat sich zu einem mondänen Seebad gemausert, woran sicherlich die Schaffung des Hindenburgdamms beträchtlichen Anteil hatte. Die ungewöhnliche Nord-Süd-Ausdehnung der Insel beträgt fast 39 km, insgesamt hat Sylt eine Größe von 99 Quadratkilometern. An ihrer engsten

Der Hindenburgdamm war eine große technische Meisterleistung und wurde entsprechend auf unzähligen Postkartenmotiven gefeiert – so auch auf den beiden stark retuschierten Ansichtskarten auf dieser Doppelseite. Die Fahrt durch die tobende See wurde teilweise sehr stark dem Zeitgeschmack entsprechend dramatisiert.

DER DÜNENEXPRESS

Zwölf Minuten Fahrt benötigte die kleine „Dampfspurbahn" zwischen dem Fähranleger in Munkmarsch bis zum Kurhaus in Westerland. Hier entstand der Bahnhof, der später auch Ausgangspunkt für die Nordbahn werden sollte. Kurz nach der Betriebseröffnung versammelt sich das Personal zum Gruppenbild (1888).

Bei Rantum nahm der Fotograf in den 1930er-Jahren diesen Dampfzug auf. Die Strecke verlief zwischen Westerland und Hörnum meist östlich der hohen Dünen und in Sichtweite des Wattenmeeres.

SYLT

Stelle ist sie nur 600 Meter breit, die Tendenz ist zur großen Sorge der Verwaltung weiter abnehmend. Es wird vermutet, dass der Hindenburgdamm, der seit seinem Bau 1927 den Gezeitenstrom unterbricht, an diesem Umstand nicht ganz unschuldig ist.

Neben der Deutschen Reichsbahn, die ab 1927 auf Normalspurgleisen bis nach Westerland, der „Hauptstadt" Sylts, rollte, gab es bis 1970 aber auch eine „echte" Inselbahn. Ähnlich wie auf Amrum sollte mit dieser Bahn eine Verbindung zwischen Westerland und den entfernten Landungsbrücken an der Nord- und Südspitze der Insel geschaffen werden, doch gleichzeitig übernahm die Bahn auch beträchtliche örtliche Verkehrsaufgaben. Viele Dörfer entlang der Strecke, wie z. B. Hörnum, wuchsen erst durch die Inselbahn allmählich heran. Seit 1932 gelangen über den Hindenburgdamm auch Autos auf die Insel, und mit dem beträchtlichen Ausbau des Straßennetzes verlor die Sylter Inselbahn zunehmend ihre wirtschaftliche Basis. Heute sehnt sich angesichts der ungebremsten Blechflut, die jedes Jahr vom Festland auf die Insel herüberschwappt, mancher die Inselbahn wieder zurück.

Ihren Anfang nahm die 1000-mm-spurige Sylter Inselbahn 1888 mit dem Aufschwung des Westerlander Seebades. Nach der Eröffnung der Marschbahn[40] von Hamburg nach Tondern mussten die Badegäste per Pferdefuhrwerk zur Hoyerschleuse gelangen, wo eine Dampfschiffverbindung nach Munkmarsch auf Sylt bestand. Zwischen dem Hafen Munkmarsch und dem Kurort Westerland waren aber immer noch über 4 km zu überwinden. Die gesamte Anreise gestaltete sich strapaziös, auch für zunehmend hochrangige Gäste wie z. B. die Königin von Rumänien.

Nachdem der Bau einer „Chaussee" zwischen Westerland und Munkmarsch abgelehnt wurde, war man mit den Planungen für eine meterspurige „Dampf-

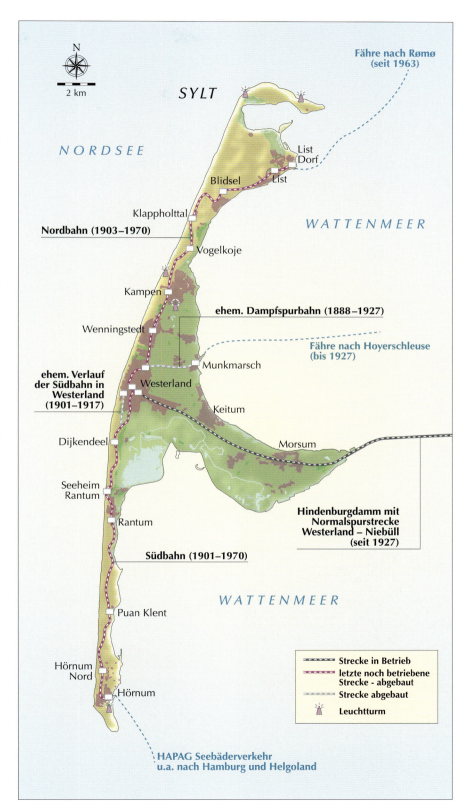

DER DÜNENEXPRESS

Aufsehenerregend waren die Bemühungen der Sylter Verkehrsgesellschaft, den Bahnbetrieb durch den Einsatz von fünf Borgward-Lastern auf Eisenbahnrädern zu rationalisieren. Rechts hat der 1952 umgebaute LT 1 soeben List verlassen, unten knattert er mit zwei angehängten Wagen aus Hörnum Richtung Westerland.

SYLT

Der Bahnhof List besaß vergleichsweise ausgedehnte Gleisanlagen. Die Dampflok hat bereits umgesetzt und steht nun für die Rückfahrt nach Westerland bereit.

Wieder der Bahnhof List, nun von Norden aus gesehen. Von den umliegenden Dünen aus geht der Blick weit in das Wattenmeer.

spurbahn" erfolgreicher, wenngleich man als Auflage eine Triebwerksverkleidung und doppelte Funkenfänger bei den Loks vorgeschrieben bekam. Nach nur siebenwöchiger Bauzeit schnaufte am 8. Juli 1888 der erste Zug auf einer zunächst 4,2 km langen Strecke auf Sylt. Einen Haltepunkt und ganze sieben Bogen wies die Bahn auf, die in Westerland vor dem Kurhaus ihren Endpunkt fand. Zwei Lokomotiven wurden dafür bei Krauss in München beschafft. Zu dem tideabhängigen Fahrplan der Dampfer gab es zwischen sechs und 14 Zugfahrten. Bis 1927 fuhr die Dampfspurbahn recht erfolgreich. Als der Hindenburgdamm fertiggestellt worden war, verlor sie allerdings mit der Aufgabe der Fährverbindung zwischen Hoyerschleuse und Munkmarsch ihre Existenzberechtigung und wurde stillgelegt.

1901 weihte die Nordsee-Linie in Hörnum am Südende Sylts eine neue Landungsbrücke ein (siehe auch das Kapitel „Amrum"). Der Grund hierfür waren die immer noch unbefriedigenden Verkehrsanbindungen Sylts, denn die Dampfer der etablierten Nordsee-

Blick auf Westerland in Richtung Süden, aufgenommen um 1960, mit der Sankt Nicolai-Kirche (rechts) und dem großen Fernbahnhof der Deutschen Bundesbahn (links). Das Inselbahngleis verläuft quer über den Bahnhofsvorplatz, und neben den DB-Gleisanlagen hat die Inselbahn selbst einen Aufstellbahnhof angelegt. Das Verbindungsgleis zur Südbahn folgte dem Straßenverlauf bis zum Südrand von Westerland.

DER DÜNENEXPRESS

Im April 1969 hatte der T 23 seinen grünen Anstrich (siehe Seite 20) bereits gegen einen dunkelroten mit allgegenwärtiger Nivea-Werbung eingetauscht. Ansonsten war vor allem Bier-Werbung allgegenwärtig, wie sie auch am Talbot-Triebwagen 28 rechts zu sehen ist (April 1969).

Linie Hamburg–Cuxhaven–Helgoland–Sylt–Hamburg mussten zum Erreichen der Insel diese entweder nordseitig oder von Süden kommend umrunden, um auf der Wattseite in die Schiffe der Sylter Dampfschifffahrts-Gesellschaft auszubooten. Dieser Verkehr war nicht nur tideabhängig, er war den steigenden Ansprüchen des Publikums auch keineswegs mehr zuzumuten. Hörnum bot nun ideale Voraussetzungen für eine tidefreie Landungsbrücke, aber leider keinen brauchbaren Verkehrsweg zur Weiterreise der Passagiere nach Westerland.

Die Nordsee-Linie selbst strebte daraufhin den Bau einer Kleinbahn von Hörnum nach Westerland an. Am 1. Juli 1901 ging die 17,7 km lange und wieder in 1000-mm-Spur ausgeführte „Südbahn" in Betrieb und verband die 153 m lange Hörnumer Landungsbrücke entlang der Ostseite der Insel bis zur Damenbadstraße in Westerland. Haltepunkte wurden in Klatigdeel, Puan Klent, Rantum und der Vogelkoje eingerichtet. Hörnum erhielt 1903 ein recht pompöses Bahnhofsgebäude, außerdem befand sich hier ein kleiner Lokschuppen. Insgesamt drei bei Freudenstein gebaute dreiachsige Dampfloks standen zur Verfügung, hinzu kamen sieben vierachsige Personenwagen, zwei Post- und Gepäckwagen sowie elf vierachsige Güterwagen. Auch in Westerland wurde ein großes Empfangsgebäude errichtet. 1905 übernahm die HAPAG die Nordsee-Linie und mit ihr die Bahn.

Die Sylter Südbahn, gerne von den Insulanern auch „Lüttbahn" genannt, muss ein Erlebnis gewesen sein. Viele Inselgäste sahen das erste Mal die schöne Dünenlandschaft außerhalb von Westerland, und so richteten sich die Unterwegsstationen zunehmend auch auf den Fremdenverkehr ein. Etwas benachteiligt fühlten sich jetzt die nördlichen Dörfer der Insel, die einzig noch

SYLT

nicht in den Genuss des neuen Verkehrsmittels gekommen waren. Vor allem auf Initiative von Kampen und Wenningstedt wurde am 7. Juli 1903 auch eine nach Norden führende Strecke in Betrieb genommen, die am 1. Juni 1908 noch bis List verlängert wurde – die Sylter Nordbahn hatte damit eine Länge von 17,5 km. Die Linie befand sich genau wie die Munkmarscher Strecke im Eigentum des Eisenbahndirektors Kuhrt bzw. seiner Sylter Dampfschiffahrtsgesellschaft (SDG).

Die Krux an der Geschichte war, dass die Munkmarscher Bahn sich nun gemeinsam mit der Nordbahn die Bahnanlagen in Westerland teilte, aber die Südbahn räumlich getrennt blieb und am eigenen Südbahnhof endete. Schon 1913 hatten die Betreiber die Auflösung des Südbahnhofs und den Bau einer Verbindung zwischen den beiden Netzen vereinbart, doch verhinderte der Ausbruch des Ersten Weltkriegs die zeitnahe Umsetzung. Erst 1917 wurde die Verbindung geschaffen und gleichzeitig der Südbahnhof in Westerland aufgelassen. Gleichzeitig wurden die Betriebsleitungen zusammengefasst und ein freizügiger Fahrzeugeinsatz vereinbart.

Die betriebliche Zusammenlegung der Bahnen geschah nicht zuletzt aufgrund des Einflusses des Ersten Weltkriegs. Zwar brach der Bäderverkehr nahezu zusammen, doch wurde die Inselbahn nun auch zu-

Bei der Sylter Inselbahn reiste man selbstverständlich entweder in der Holzklasse (hier Wagen 129) oder in den damals üblichen Omnibus-schalensitzen.

SYLT

Das kleine Bahnbetriebswerk der Inselbahn lag am Nordbahnhof, dessen mit Türmchen verziertes Empfangsgebäude wir auf diesem Foto unten rechts sehen. Entlang des Bahnhofs sind im Lauf der Jahre die verschiedenen Lok- und Wagenhallen sowie die Werkstatt entstanden. Heute verläuft in diesem Bereich der „Bahnweg" als breite Straße durch Westerland.

DER DÜNENEXPRESS

Auch auf Sylt gab es zwei Wismarer Schienenbusse, die von der Wehrmacht 1935 und 1937 für die Fliegerhorstkommandanturen in Hörnum und List beschafft wurden. T 22 und T 25 kamen aber in den 1960er-Jahren kaum noch zum Einsatz.

nehmend militärisch genutzt. Vor allem im Norden der Insel entstanden zahlreiche Geschützstellungen, die über ein über den Ellenbogen führendes Anschlussgleis der Marine versorgt wurden. Das Gleis verschwand nach 1918 wieder.

Mit der Betriebsaufnahme des Hindenburgdamms und des neuen Bahnhofs der Deutschen Reichsbahn in Westerland 1927 war die Strecke von Westerland nach Munkmarsch nun obsolet und wurde abgebaut. Die Schiffsverbindung von Munkmarsch nach Hoyerschleuse brauchte nun niemand mehr, die Badegäste reisten bequem mit der Reichsbahn an. Vor dem neuen Bahnhof wurde deshalb auch ein Haltepunkt der Inselbahn gebaut, der später zu einem eigenen kleinen Bahnhof ausgebaut wurde. Hier entstand der zentrale Umsteigepunkt in Westerland.

Auf Sylt gab es seit 1926 die Sylter Inselbahn AG, die die Nordbahn (und für kurze Zeit noch die Munkmarscher Strecke) übernahm. Die AG pachtete auch die Südbahn bzw. übernahm dort die Betriebsführung.

Der Mangel an brauchbaren Straßen machte die Inselbahn wie auch auf Borkum und Wangerooge ab 1934 wieder militärisch wichtig. Entlang des Weststrandes reihten sich zeitweise die Geschützbatterien wie Perlen an einer Kette. Die Anschlussgleise des Militärs entstanden wieder und ließen ein beachtlich verzweigtes Gleisnetz entstehen. Die Marine brachte eine Vielzahl eigener Fahrzeuge nach Sylt, darunter diverse Draisinen. Im äußersten Norden wurden Anschlussgleise wieder bis auf den Lister Ellenbogen verlegt, aber auch im Süden entstanden rund um Hörnum zahlreiche Anschlüsse.

Nach 1945 konnte die Bahn alles verwertbare Rollmaterial aus den Wehrmachtsbeständen übernehmen. Erneut verschwanden die Anschlussgleise, Geschützstellungen und Bunker von der Insel, soweit dies möglich war. Nach der Währungsreform 1948 kam allmählich wieder Schwung in den Tourismus, eine rege Bautätigkeit setzte ein. 1952 wurde unter dem Geschäfts- und Verkehrsfachmann Ruy Prahl die Sylter Verkehrsgesellschaft mbH (SVG) gegründet, die daraufhin die Sylter Inselbahn AG übernahm. 1953 ging das Eigentum an der Südbahn auch auf die SVG über, sodass nun Nord- und Südstrecke endlich vollständig unter einem Dach vereint waren.

Unter gewaltigem Kostendruck musste man nun nach Möglichkeiten suchen, den bislang immer noch mit teuren Dampfzügen bestrittenen Bahnbetrieb billiger zu gestalten. Erleichterung versprachen verschiedene Dieseltriebwagen aus Marinebeständen, so zum Beispiel zwei Wismarer Schienenbusse, wie sie auch auf Borkum vorhanden waren. Um den Triebwagenbestand preiswert aufzustocken, griff man 1952 zu einer höchst simplen, aber umso effektiveren Maßnahme: Serienmäßige Borgward-Lastwagen wurden mit Eisenbahnrädern ausgestattet und auf dem Drehschemel ein in eigener Werkstatt gebauter Fahrgastraum aufgesetzt. Fünf dieser äußerst gewöhnungsbedürftigen Fahrzeuge stellte die Bahn als „Leichttriebwagen" 1 bis 5 in Dienst – die neuen Fahrzeuge waren für den leichten Oberbau ideal und konnten in kurzer Zeit die letzten Dampfloks auf der Sylter Inselbahn ablösen. An den Endstellen wurden eigens für diese Fahrzeuge Drehscheiben eingebaut, damit die Borgward-Sattelschlepper gewendet werden konnten. Die Scheiben wurden dabei mit Muskelkraft bedient.

Speziell für die Borgward-Sattelschleppertriebwagen mussten in Hörnum, Westerland und List Drehscheiben vorgehalten werden, auf der die Gefährte für die Rückfahrt gedreht werden konnten. Das konnte der Fahrzeugführer notfalls sogar alleine mit einer Stange und ganz viel Muskelkraft erledigen.

Hochbetrieb am Kleinbahnsteig in Westerland: Wie es sich für einen Straßenbahnbetrieb in den 1960ern gehört, werden die Seitenflächen der Wagen für Reklame vermietet. Der LT 4 macht Werbung für eine Hautcreme.

Das Westerländer Betriebswerk (rechte Seite oben) mit dem bunten Triebwagenpark, den sich die Sylter Verkehrs-AG in den 1950er-Jahren zulegte. Ganz links ist der 1929 gebaute T 27 zu sehen, den die Bahn von der Kleinbahn Emden–Pewsum–Greetsiel übernahm. In der Mitte steht aufgebockt ein Straßenbahnwagen, den die Inselbahn von den Herforder Kleinbahnen kaufte, der aber letztlich nie auf Sylt eingesetzt wurde. Bernhard Wolff machte diese Aufnahme um 1969.

Ruy Prahl kaufte ansonsten auf dem Festland fast alles auf, was an gebrauchtem Meterspurmaterial zu bekommen war, darunter waren zwei Talbot-Triebwagen der ehemaligen Eckernförder Kreisbahnen. Bei anderen stillgelegten Meterspurbahnen auf dem Festland konnten weitere Trieb- und Beiwagen erworben werden, doch nur ein kleiner Teil ging auf Sylt noch in Betrieb. Auf den Abstellgleisen in Westerland bildeten sich lange Reihen an Schmalspurraritäten, aber auch an Schrott.

Noch in den 1950er-Jahren verlagerte sich der Güterverkehr komplett auf die Straße, die bereits im Zweiten Weltkrieg zunehmend die Insel erobert hatte. 1957 wurde die Bahn dann in eine Straßenbahn umkonzessioniert, um den Betrieb etwas flexibler und kostengünstiger zu gestalten. Dem drohenden Niedergang durch die hohen Kosten der Gleisinstandhaltung und dem zunehmenden Wegfall an Fahrgästen zugunsten des Omnibusverkehrs konnte man sonst wenig entgegensetzen.

Am 29. Dezember 1970 fuhr das letzte Mal ein Triebwagen über die Nordstrecke. Ohne großes Aufsehen wurde der Inselbahnbetrieb auf Omnibusse umgestellt und die Inselbahnanlagen in der Folgezeit abgebaut und verkauft. Die Talbot-Triebwagen und eine Diesellok übernahm die Inselbahn Juist, einige weitere Fahrzeuge konnten von Museumsbahnen gerettet werden – darunter auch mit LT 4 einer der bemerkenswerten Borgward-Triebwagen, der allerdings in den kommenden Jahrzehnten in einem Straßenbahnmuseum bei Hannover mangels Aufarbeitung weitgehend zerfiel.

Heute denkt man auf Sylt gerne an die Inselbahn zurück, und nicht selten wird darüber diskutiert, wie schön es wäre, wenn man hier das Rad der Zeit zurückdrehen könnte. Zumindest in einem kleinen Rahmen wird das bald auch wieder passieren, denn zum 125-jährigen Geburtstag der Inselbahn konnte die SVG im Sommer 2013 mit einer echten Überraschung aufwarten: Die SVG hat den LT 4 zurückgekauft und möchte den Borgward-Triebwagen wieder restaurieren lassen. In Zusammenarbeit mit der Selfkantbahn soll der Sattelschlepper wieder rekonstruiert und komplettiert werden. Der LT 4 soll künftig auch regelmäßig wieder auf Sylt zu sehen sein. Bis es so weit ist, wird aber sicher noch einige Zeit vergehen.

SYLT

Im September 1969 brummt der Talbot-T 28 mit Wagen 118 bei Klappholttal durch die Dünen der Nordstrecke. In Sichtweite verläuft die Straße, die der Sylter Inselbahn immer stärker Fahrgäste entzog.

SYLT

Die Gleisanlagen am Bahnhof Westerland. Normalspur (links) und Schmalspur lagen hier nah beisammen. Zu sehen sind der Talbot-Triebwagen 24, der Borgward-Sattelschlepperwagen LT 2 und der von den Herforder Kleinbahnen übernommene Beiwagen 103 (April 1969).

FUSSNOTEN

[1] Ein **Siel** ist ein verschließbarer Wasserdurchlass in einem Deich, der die Entwässerung des Hinterlandes reguliert. Das in das Wattenmeer auslaufende Wasser hat zumeist eine fahrbare Rinne in das Watt gespült, sodass an vielen Sielen Fischerhäfen entstanden.

[2] Eine **Schaluppe** ist ein kleines Segelboot mit einem oder (seltener) zwei Masten, das oft als größeres Beiboot verwendet wird.

[3] In der Schifffahrt bezeichnet man als **Ausbooten** die Beförderung von Passagieren von einem auf Reede (Ankerplatz) liegenden Schiff zum Land.

[4] Eine **Buhne** ist ein meist rechtwinklig zum Ufer in das Wasser hineinführender künstlicher Damm, der dem Küstenschutz dient und strömungsbedingten Landabgang verhindern soll.

[5] Böse Zunge behaupteten, dass die Buchstaben tatsächlich für „Ganz ohne Eile" gestanden haben.

[6] Die **Waggonfabrik Talbot** in Aachen ist der älteste deutsche Hersteller von Schienenfahrzeugen (gegr. 1838) und wurde vor allem durch den Bau von Güterwagen und Triebwagen bekannt. Von 1998 bis 2013 gehörte der Hersteller zum Bombardier Transportation-Konzern.

[7] Unter dem Markennamen **Borgward** wurden zwischen 1939 und 1963 Personen- und Lastkraftwagen von Carl F. W. Borgward hergestellt. Die Firma ging 1963 insolvent. Seit 2008 wird versucht, die Marke wieder ins Leben zu rufen.

[8] Die **Christoph Schöttler Maschinenfabrik GmbH**, Eigenschreibweise SCHÖMA, ist ein deutscher Hersteller von Schienenfahrzeugen in Diepholz, der sich vor allem auf die Fertigung kleinerer Dieselloks für Feldbahnen und Tunnelbaustellen spezialisiert hat. Schöma fertigte seit 1949 zahlreiche Loks für die Inselbahnen auf Borkum, Langeoog, Spiekeroog, Wangerooge und für die diversen Küstenschutzbahnen. Schöma-Loks sind auf zahlreichen Aufnahmen in diesem Buch zu sehen.

[9] **Deichschart** wird eine Öffnung im Deich genannt, die einen Durchlass für einen Verkehrsweg darstellt. Meist können Deichscharte mit einem Tor verschlossen werden, wenn Überschwemmung durch Hochwasser droht.

[10] Die 1940 von Orenstein & Koppel gebaute Lok stand bis 1962 unter dem Namen „Dollart" auf Borkum im Einsatz und wurde 1978 als Denkmal vor dem Kurhaus aufgestellt. 1996 wurde sie mit einem Neubaukessel generalüberholt, auf Leichtölfeuerung umgebaut und als „Borkum" erneut in Dienst gestellt.

[11] Als **Wismarer Schienenbus** erlangten die Anfang der 1930er-Jahre entwickelten Leichtbautriebwagen des Typs „Hannover" der Waggonfabrik Wismar große Bekanntheit. Die preiswerten Fahrzeuge besaßen an jedem Fahrzeugende auffällige Motorvorbauten aus der Lkw-Produktion, die den Schienenbussen die Spitznamen „Ameisenbär" oder „Schweineschnäuzchen" einbrachten. Wismarer Schienenbusse gab es bei den Inselbahnen auf Borkum und Sylt.

[12] Tatsächlich besaß Borkum drei große Leuchttürme: Neben dem bis 1879 aktiven „Alten Leuchtturm" und dessen heute noch aktiven Nachfolger mit einem großen Seefeuer entstand 1891 der gusseiserne rot-weiße „elektrische" Turm, der den Schiffen mit einem Sektorenleitfeuer die Einfahrt in die Ems wies und von Anfang an elektrisch betrieben wurde. Das Leitfeuer wurde 2003 gelöscht. Der Turm bleibt aber als Radarstation erhalten.

[13] Das „Gesetz über Kleinbahnen und Privatanschlußbahnen" vom 28. Juli 1892, oft nur kurz als **Preußisches Kleinbahngesetz** bezeichnet, wurde erlassen, um die Rahmenbedingungen für den Bau von Zweigstrecken in ländlicheren Räumen zu begünstigen. Dabei wurde auf die strengen und teuren Anforderungen, die das Preußische Eisenbahngesetz vom 3. November 1838 an den Bahnbau und Betrieb stellte, weitgehend verzichtet. Der preußische Begriff der „Kleinbahn" trifft aber keine generelle Aussage zur Spurweite. Eine Schmalspurbahn muss deshalb nicht automatisch eine „Kleinbahn" sein.

[14] Als **Pfahljoch** wird eine Konstruktion bezeichnet, die aus zwei oder mehreren in den Boden gerammten Pfählen besteht, die durch einen Querbalken verbunden sind. Die Pfahljochstrecken der Nordseeinselbahnen ruhten meistens auf Pfahljochen im Abstand von einem bis zwei Metern.

[15] Die **Deutz AG** ist ein 1864 gegründeter deutscher Motorenhersteller mit Sitz in Köln. Zwischen 1938 und 1997 firmierte das Unternehmen als Klöckner-Humboldt-Deutz. Von 1892 bis 1970 baute Deutz auch eigene Lokomotiven.

[16] Siehe hierzu Fußnote 6.

[17] Das **Mylius-Getriebe** ist ein kompaktes mechanisches Schaltgetriebe, das zeitweise bei Dieseltriebwagen in Deutschland Verwendung fand. Das von Otto Mylius (1887–1941) erfundene Getriebe wurde vor allem bei kleineren Motoren mit Leistungen zwischen 50 und 140 kW verwendet.

[18] In der **Nacht vom 16. auf den 17. Februar 1962** brach über die gesamte deutsche Nordseeküste eine gewaltige Sturmflut hinweg, der viele Dämme und Deiche nicht standhalten. Insgesamt waren 340 Tote zu beklagen. Besonders schwere Verwüstungen richtete die Flut in Hamburg an.

[19] Siehe Fußnote 8.

[20] Siehe Fußnote 8.

[21] Das **Kloster Loccum** ist ein ehemaliges Kloster der Zisterzienser in der Stadt Rehburg-Loccum nahe dem Steinhuder Meer in Niedersachsen. Das Langeooger Hospiz nennt sich heute „Haus Kloster Loccum" und steht am Hospizplatz.

[22] Siehe Fußnote 15.

[23] „**Kö**" stand bei der Deutschen Reichsbahn-Gesellschaft für „**Kl**einlokomotive mit **Ö**lverbrennung", also mit Dieselmotor. Wenn auch noch ein Flüssigkeitsgetriebe eingebaut war, handelte es sich um eine „Köf". Diese Abkürzungen, die auch in den folgenden Jahrzehnten eigentlich nur die deutschen Staatsbahne(n) benutzten, ist bis heute im Eisenbahnerwortschatz vorhanden.

[24] Der **Schiffsbohrwurm** ist eigentlich kein Wurm, sondern eine Muschel. Der Körper ist wurmartig gestreckt. Er besitzt zwar eine Schale, doch die wird vor allem zum Bohren in das Holz von Planken, Pfahlbauten und Schiffswänden benutzt. Bei stärkerem Befall kann er erheblichen Schaden an Holzkonstruktionen aller Art anrichten, wenn diese am offenen Meer liegen. Der Befall ist oftmals erst dann zu erkennen, wenn die Stabilität einer Konstruktion nachlässt.

[25] Siehe Fußnote 8.

[26] **Givtbude** oder auch Giftbude ist eine ältere Bezeichnung für eine Trink- oder Verkaufshalle bzw. eine Gaststätte an der deutschen Nordseeküste. „Gift" kommt von „geben", „Bude" beschreibt eine kleine Hütte und war gerade zu Beginn des 20. Jahrhunderts ein echtes Modewort. Heute würde man solche Giftbuden als „Strandhallen" bezeichnen.

[27] Siehe Fußnote 18.

[28] Die **Telegraphenbalje** war ein Fahrwasser südlich von Wangerooge, das Ende des 19. Jahrhunderts von der Harle bis zur Blauen Balje reichte.

[29] Der **Norddeutsche Lloyd** (NDL) war eine 1857 in Bremen gegründete Reederei, die 1970 mit der HAPAG fusionierte. Das Unternehmen war auch in der Transatlantikschifffahrt tätig und avancierte zeitweise zu einer der bedeutendsten internationalen Reedereien. Neben vielen anderen Schiffslinien wurde der NDL auch im Seebäderdienst aktiv.

[30] Die **Blaue Balje** ist ein Seegatt und verläuft in Nord-Süd-Richtung zwischen Wangerooge und Minsener Oog. Die Balje ist strömungsbedingt ständigen Veränderungen in Bezug auf die Tiefe und Lage unterworfen.

[31] Bis 1952 blieb **Helgoland** militärisches Sperrgebiet und Bombenabwurfplatz für die britische Luftwaffe. Erst am 1. März 1952 wurde die Insel an die Bundesrepublik Deutschland zurückgegeben und den Bewohnern erlaubt, auf ihre Insel zurückzukehren. Daraufhin orientierte sich auch der Ausflugsverkehr wieder verstärkt in Richtung Helgoland.

[32] Die **Pop-Lackierung** war ein umgangssprachlicher Begriff für einen Feldversuch der Deutschen Bundesbahn, hochwertige Reisezugwagen durch eine zweifarbige Lackierung optisch aufzuwerten. Zwischen 1970 und 1974 wurden rund 145 Wagen umlackiert. Grundfarbe war „Kieselgrau", hinzu kam ein farbiges Fensterband. Auf Wangerooge wurde diese Lackierung verwendet, weil sie besser mit Wagenwerbung kombinierbar war.

[33] Als **Schlengenbude** wird eine hochwassersichere Unterkunft bezeichnet, die auf mehreren Pfählen in überflutungsgefährdeten Gebieten aufgeständert wird.

[34] Der **Blanke Hans** ist eine Umschreibung für die Naturgewalten des Meeres und wird in Küstenregionen gerne zur Verbildlichung des tobenden Meeres bei Sturmfluten verwendet.

[35] Lokomotiven von Schöma sind uns bereits viele Male in diesem Buch begegnet, doch typische Küstenschutzfahrzeuge kommen auch von **DIEMA** (Eigenschreibweise): Die Diepholzer Maschinenfabrik Fritz Schöttler GmbH stand in direkter Konkurrenz zu Schöma im gleichen Ort. Die Schöttler-Brüder hatten sich im Streit Mitte der 1920er-Jahre getrennt und jeweils eigene Maschinenfabriken gegründet.

[36] Siehe Fußnote 18.

[37] Eine **Warft** ist ein künstlich aufgeschütteter Siedlungshügel, auf dem Bauwerke durch ihre höhere Lage vor Sturmfluten geschützt werden. In Küstennähe sind viele ältere Bauwerke, die vor der Zeit der Eindeichungen gebaut wurden, auf Warften errichtet worden.

[38] Als **Beltringharder Koog** wird eine Vordeichung im Bereich der Nordstrander Bucht bezeichnet, die 1987 fertiggestellt wurde. Innerhalb des Koogs befindet sich der befestigte und mit dem Auto befahrbare Lüttmoordamm, auf dem zuvor die Halligbahn verlief.

[39] Die **Nordsee-Linie Dampfschiffs-Gesellschaft mbH** war eine Reederei von Albert Ballin, die 1897 aus Ballins Dampfschiff-Rhederei-Gesellschaft hervorging und im Seebäderdienst zwischen Hamburg, Cuxhaven, Helgoland und Sylt fuhr. Die Reederei stand der **Hamburg-Amerikanischen Packetfahrt-Actien-Gesellschaft (HAPAG)** nahe, in der Ballin seit 1899 Generaldirektor war. 1905 übernahm die HAPAG die Nordsee-Linie.

[40] Als **Marschbahn** wird heute die Bahnstrecke Elmshorn–Westerland (Sylt) bezeichnet, die aus der Verbindung Hamburg-Altona–Tondern hervorging. Im südlichen Abschnitt ist sie bis Itzehoe elektrifiziert, Planungen für einen Ausbau bis Westerland existieren seit vielen Jahren. Den Regionalverkehr bestreitet seit 2005 die Nord-Ostsee-Bahn (NOB), den Fernverkehr mit IC-Verbindungen die Deutsche Bahn AG.